AF401853

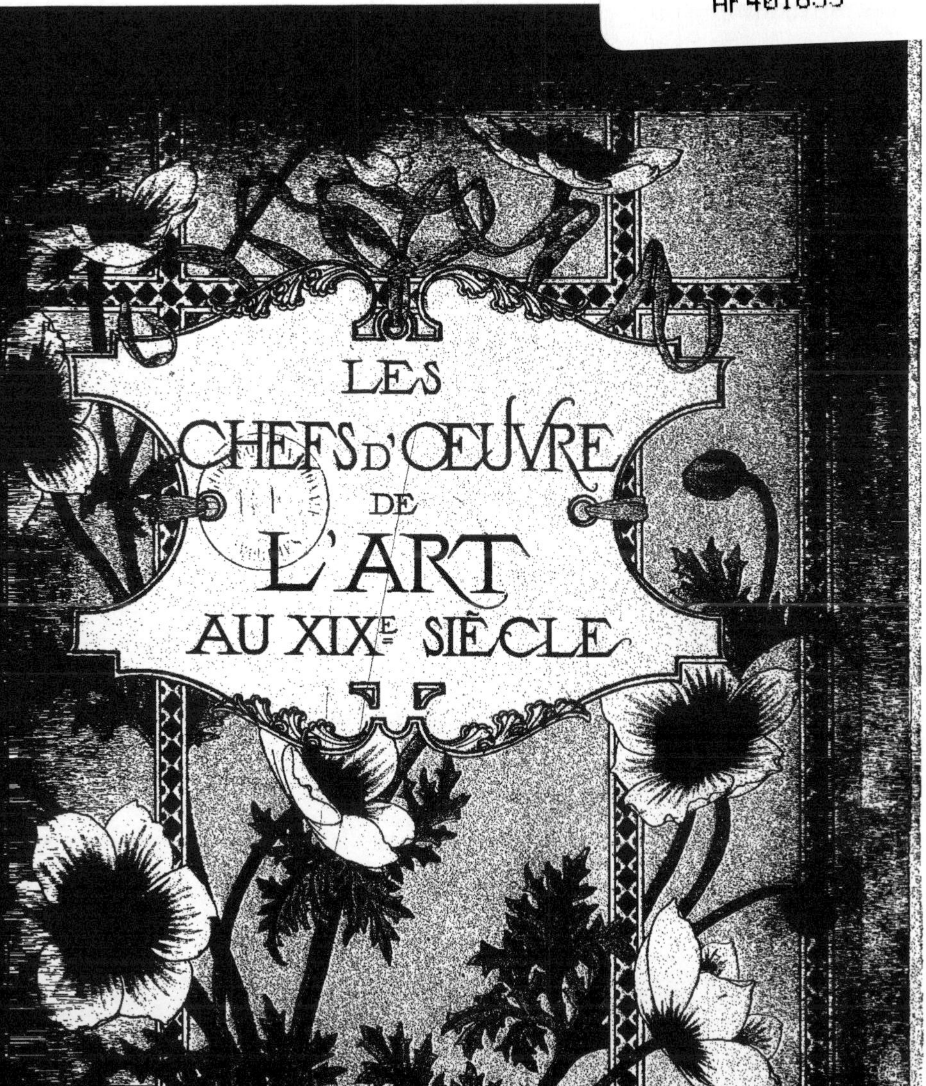

LES CHEFS D'OEUVRE DE L'ART AU XIXᵉ SIÈCLE

PARIS

A LA LIBRAIRIE ILLUSTRÉE

8 RUE SAINT-JOSEPH 8

LES CHEFS D'ŒUVRE DE

L'ART AU XIXe SIÈCLE

L'École française

DE DAVID A DELACROIX

LES CHEFS-D'ŒUVRE

DE

L'ART AU XIXe SIÈCLE

OUVRAGE DE GRAND LUXE

L'ÉCOLE FRANÇAISE, DE DAVID A DELACROIX

PAR ANDRÉ MICHEL

Un beau volume in-4°. — Prix. . . . . 20 francs.

L'ÉCOLE FRANÇAISE, DE DELACROIX A H. REGNAULT

PAR ALFRED DE LOSTALOT

Un beau volume in-4°. — Prix. . . . . 20 francs.

L'ÉCOLE FRANÇAISE CONTEMPORAINE

PAR PAUL LEFORT

Un beau volume in-4°. — Prix. . . . . 20 francs.

LES ÉCOLES ÉTRANGÈRES AU XIXe SIÈCLE

PAR T. DE WYZEWA

Un beau volume in-4°. — Prix. . . . . 20 francs.

LA SCULPTURE ET LA GRAVURE EN FRANCE
AU XIXe SIÈCLE

PAR LOUIS GONSE

Un beau volume in-4°. — Prix. . . . . 20 francs.

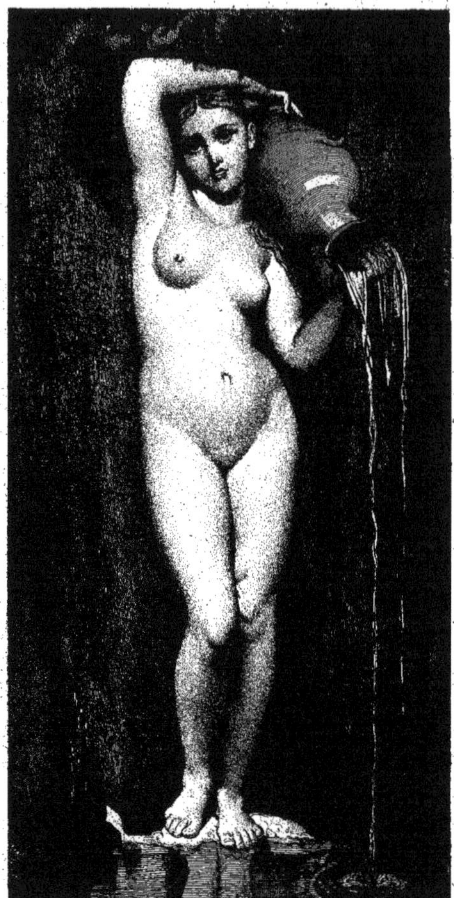

LA SOURCE

(MUSÉE NATIONAL DU LOUVRE)

Imp. Taneur, Paris

LES CHEFS-D'OEUVRE

DE

L'ART AU XIXE SIÈCLE

L'École française

DE DAVID A DELACROIX

PAR

ANDRÉ MICHEL

DÉPÔT LÉGAL.
Seine
N° 5427
1891

PARIS

A LA LIBRAIRIE ILLUSTRÉE

8, RUE SAINT-JOSEPH, 8

LES
CHEFS-D'ŒUVRE DE L'ART

L'ÉCOLE FRANÇAISE DE DAVID A DELACROIX

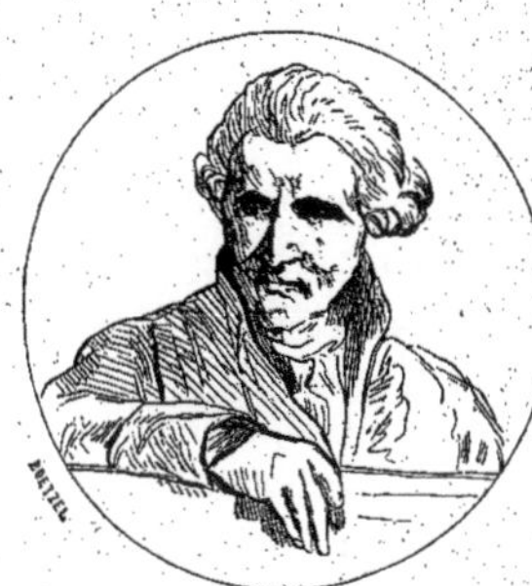

PORTRAIT DE VIEN.
(Fac-similé d'un dessin de L. David.)

IL est intéressant d'étudier dans ses origines le mouvement de réaction classique qui devait si profondément modifier l'art français à la fin du xviiie siècle et exercer sur toute l'École moderne une décisive influence. On en peut déjà surprendre les premiers symptômes vers le milieu du siècle. Dès 1761, Diderot oppose au pauvre Boucher vieilli, le « grand goût sévère et antique »; en 1762 le *Mercure* parle gravement des « monuments respectables des anciens, tels qu'on les voit encore en Italie »; — et les publications de Leroy, *Ruines des plus beaux monuments de la Grèce* (1758); le *Traité des pierres gravées du cabinet du roi*, de Mariette; le *Recueil des peintures antiques*, de Bartoli; les *Recueils d'antiquités* de Caylus et d'Hamilton; la traduction de *L'Art dans l'antiquité*, de Winckel-

I

mann, parue dès 1764 ; les fouilles d'Herculanum, de Pestum, de
Palmyre, de Balbec, ramènent coup sur coup l'attention publique
vers la beauté antique, déterminent une transformation du goût
et commencent la défaite du style Pompadour et rocaille.

L'architecture et la décoration intérieure ne tardent pas à mani-
fester aux yeux cette rapide évolution. On peut en suivre en quelques
années les progrès au Petit Trianon, élevé par Gabriel, comme au
Garde-Meuble et à l'École militaire : sur les panneaux chantournés
vert d'eau ou blanc « mêlé de gris de lin adouci », où s'enroulaient
les courbes capricieuses, les panaches, les guirlandes légères, — tout
le décor fringant et coquet des Meissonier, des Oppenord, — les
profils se calment peu à peu ; la ligne droite reprend ses droits ;
— une série de motifs empruntés à l'antiquité : perles, oves, feuilles
d'eau, rinceaux, court en fines et délicates ciselures jusque sur la
frise des meubles ; — le règne des Riesener, des Beneman et des
Gouthière va commencer ; — bien avant 1774 on peut dire qu'on
voit naître le style Louis XVI.

Le nouveau Directeur et administrateur général des bâtiments,
jardins, arts, académies et manufactures du roi, le comte d'Angivillers,
favorise ce mouvement de tout son pouvoir et s'occupe avec autant
de volonté que de méthode, de ramener dans les ateliers et les
écoles une pédagogie plus sévère. A peine installé, il propose au roi
de faire exécuter chaque année « quatre ou cinq tableaux dans le
genre de l'histoire, qui semble se négliger et s'affaiblir », et il exprime
son « intention de rendre aux arts, autant qu'il est possible, toute
leur dignité, pour les rappeler à leur ancienne origine et à leur véritable destination ». Ces sentiments sont ceux de l'Académie, écrit-il
au Directeur le 6 juin 1774 (Archives nationales, O¹,1910). « Je vous ai
souvent entendu, ainsi que nos principaux artistes, vous plaindre de
ce que nos mœurs semblaient proscrire le genre noble et sévère de
l'histoire, celui qui, principalement, doit former et soutenir la réputation de notre École. Le roi vient à son secours. C'est à vous, Monsieur,
c'est à l'Académie à relever, à ranimer, à réchauffer l'émulation des

élèves. » Dans une lettre au Directeur de l'Académie de Rome, il lui rappelle « une idée dont il a déjà été question, qui est d'ordonner aux élèves sculpteurs l'exécution de quelques figures de ronde bosse ou de bas-reliefs d'après l'antique. »

Le Directeur de l'Académie de Rome, à qui cette lettre était adressée, s'appelait Joseph-Marie Vien (1716-1809). C'est lui qui avait pris en main le relèvement de la peinture française; il s'appelait modestement et se croyait le « sectateur des Grecs »; dans les bureaux du Directeur des bâtiments du roi, il était bien noté depuis 1764, pour « la sagesse dans la composition et le beau fini dans l'exécution » (Archives Nationale, O¹,1909), et, si étonnante que la chose puisse paraître aujourd'hui à voir sa peinture ennuyeuse, il faisait figure de réformateur. Il avait remporté, en 1743, le premier prix de Rome sur ce sujet : *David se résignant à la volonté du Seigneur qui a frappé son royaume de la peste*. A Rome, il ne fut pas longtemps, écrivait-il, « à s'apercevoir que ses camarades ne suivaient pas la route qui devait tendre à élever leurs talents de manière à faire reprendre à la France le rang qui lui convient,[1] » et il résolut « d'étudier l'antique, Raphaël, le Carrache, Dominiquin, Michel-Ange, tous ces maîtres enfin dont les œuvres portent ce caractère de vérité et de grandeur qui est admiré dans leurs immortels tableaux ».

Il n'entre pas dans le plan de ce travail d'analyser en détail l'œuvre de ce précurseur et maître de David. Malgré qu'il en ait, il participe encore dans une large mesure des défauts du xviii° siècle, — il est plus près de Pietro da Cortone que de Raphaël et de Michel-Ange; — et s'il est plus solennel, il est, en revanche, beaucoup moins *peintre* que les charmants petits maîtres, ses contemporains, dont ses successeurs et son école allaient bientôt proscrire les œuvres et excommunier la mémoire.

Il eut du moins le mérite de recommander, sinon de pratiquer toujours, le dessin *d'après nature;* il fut le premier à introduire le

1. Cité par M. Francis Aubert, d'après les papiers de famille de Vien. (*Gazette des Beaux-Arts*, I⁽ᵉ⁾ période, tome XXII.)

modèle vivant trois jours par semaine, depuis le matin jusqu'au soir. « C'est, écrit-il, devant ce modèle que je faisais sentir à mes élèves les beautés et les défauts qu'il fallait suivre ou éviter. Je tâchai de leur élever l'âme en les électrisant par les conversations que j'avais tous les jours avec eux, sur la nature, l'antique et les grands maîtres. Ce langage d'abord eut de la peine à être entendu ; je prêchais à des jeunes gens qui voyaient faire d'une manière tout opposée à celle où je voulais les conduire ; mais, à force de persévérance, ma voix perça enfin et je suis parvenu, non sans peine, à détruire, j'ose le dire, le mauvais goût qui régnait dans tous les arts[1]... »

Cela, on le voit de reste, a été écrit après coup et sent l'apologie. Vien, qui n'a jamais péché par excès de modestie, a toujours été porté à exagérer son rôle... mais il est vrai qu'il fut très populaire parmi ses élèves et que son action sur eux fut efficace[2]. On peut lire, dans les journaux du temps, le récit d'une fête qui lui fut offerte le 9 brumaire an IX. Il me semble que le document est bon à reproduire et qu'il montre bien la physionomie et l'esprit de l'époque. Il s'agissait de fêter l'anniversaire du vieux maître, du « régénérateur de l'École française, du patriarche de la peinture ». David était, comme le plus glorieux de ses élèves, à la tête de la manifestation. On avait élevé au fond de l'atelier, « orné partout de festons magnifiques », une sorte de trône, avec cette inscription : « A Vien, les arts reconnaissants[3] ! » « Tous les élèves de David, animés du même esprit, se pressaient avec respect autour du fondateur de leur école et considéraient avec attendrissement le grand homme dont les talents avaient formé ceux de leur maître... » A la fin du repas, « où régnaient la gaieté et la décence »,

1. Cité par M. Francis Aubert (*Gazette des Beaux-Arts*, 1re période, tome XXIII, p. 175 et suiv.).

2. Ses qualités de professeur avaient été remarquées de bonne heure. Le 5 mai 1763, le Directeur des bâtiments lui écrivait : « En considération, Monsieur, de vos talents et de la manière avec laquelle vous vous portez à faire réussir les dispositions des jeunes gens qui annoncent du talent, le Roy vient de vous accorder 500 livres de pension. Je suis très aise de vous avoir procuré cette grâce... » etc... (*Arch. Nat.* O¹, 1110.)

3. *Journal des Débats* du 14 brumaire an IX.

David leva son verre et porta ce toast : « Au citoyen Vien, notre maître! Puisse-t-il, nouveau Diagoras, voir briller au salon d'expo-

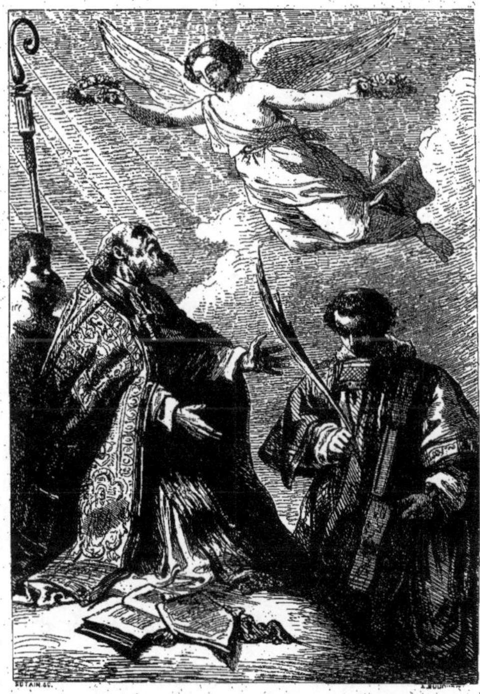

« Saint Germain l'Auxerrois », par Vien.
(Musée du Louvre.)

sition les ouvrages de sa cinquième génération! A madame Vien, dont les soins, les grâces et les vertus nous ont conservé jusqu'ici et nous conserveront encore le père de la peinture... » Puis, un

nouvel élève, le jeune l'Ecluse (c'était Delécluze, le futur critique
d'art du *Journal des Débats*), récite une pièce de vers de circonstance
et un autre élève de David donne lecture d'un discours où l'on
remarque, entre autres morceaux d'éloquence, des phrases comme
celles-ci : « Vien fut le maître de David, David est notre maître :
Notre gloire est à David, la gloire de David est à Vien. Célèbre
vieillard!... Tes derniers jours sont aussi beaux que ceux où ton
génie à son lever luttait contre le mauvais goût, que ceux où, dans
les feux de son midi, il le voyait disparaître. Tu as vaincu des
maîtres d'autant plus dangereux dans leurs opinions qu'ils se
croyaient inspirés; tu as renversé des systèmes d'autant plus funestes
qu'ils faisaient oublier la nature... Le culte de l'antique était oublié!
qui le croirait? de froides idoles en avaient pris la place », etc... etc...

Enfin « le citoyen Vien, dont la force d'âme, la sensibilité et la
modestie ont également enchanté tout le monde », prend à son tour
la parole et dit : « Oui, mes enfants, quand j'embrassai cet art, je vis
qu'il s'égarait dans de faux systèmes. Je dis : il faut que cela change
et cela sera. J'ai combattu, j'ai persévéré et cela a été. »

Cette fête inspirée et présidée par David nous fait assister au
triomphe déjà intransigeant de la réaction dont nous avons montré
les débuts, à l'heure où le fanatisme classique s'étant compliqué de
fanatisme révolutionnaire, Watteau, Boucher, Lemoyne, Pigalle
lui-même étaient mis à l'index comme « ayant négligé tout ce qui
tient à l'idéal », comme les représentants, les auteurs ou les com-
plices « de la plus grande décadence du goût et d'une époque
de corruption ».

Ils n'avaient pourtant pas tous disparu encore, les représentants
de cette école si française et si charmante. En 1789, Fragonard
n'avait que cinquante-sept ans, et il ne mourut qu'en 1806; mais
son œuvre véritable était déjà achevée. Quand on rapproche ses
vives et primesautières peintures des grands tableaux d'histoire de
l'école de David, on mesure d'un seul coup d'œil l'abîme qui sépare
les deux écoles, les deux mondes. Voici l'*Escarpolette*, *Guignol*, le

Pacha turc, etc. Des couples d'amoureux passent sous de profonds
ombrages; des amours joufflus sourient dans une coulée de rayons
blonds; aux grands arbres du parc, on a accroché l'escarpolette
enrubannée; une femme en satin rose s'y balance, passe et repasse
dans la lumière, comme une image attirante et décevante du caprice
et de la volupté... Dans une turquerie, enlevée du bout du pinceau
avec une prestesse délicieuse, une verve légère qui se moque des

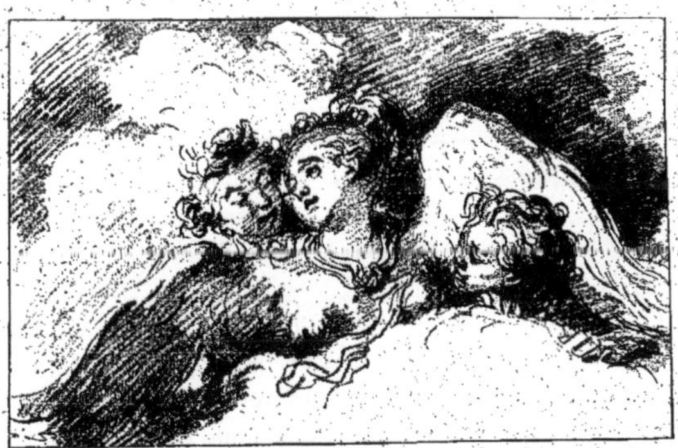

FAC-SIMILÉ D'UN DESSIN A LA SANGUINE, PAR FRAGONARD.
(Collection Walferdin.)

pédants, on voit sur des frottis jaune serein, blond rosé, blanc
d'argent et vert cendré, un *Pacha* occupé avec toute la gravité
requise au recrutement de son sérail; dans le *Guignol*, au milieu
d'un parc aux lointains bleuissants se donne une représentation de
carnaval; le théâtre rose et blond se dresse dans la lumière; sous
l'ombre verte des grands arbres, des formes sveltes apparaissent,
tendrement enlacées ou nonchalamment étendues : costumes clairs
et satinés, silhouettes chiffonnées de promeneurs heureux qui se
moquent des immortels principes autant que du Beau absolu de
Winckelmann et ne demandent à la nature et à la vie que le

spectacle de leurs apparences joyeuses et de leurs formes arrangées en vue d'un divertissement sans fin. Une atmosphère de plaisir enveloppe la fête chimérique; on y sent flotter des choses légères, des propos tendres et frivoles, mensongers et charmants... On connaît, de reste, ces sépias croustillantes, le *Verrou*, le *Lever des ouvrières*, *Danaé*, le *Songe*, la *Leçon de danse*, le *Sacrifice de la rose*... Quel art délicieux en sa frivolité! Avec quelle furie d'espièglerie provocante, dans le *Sacrifice de la rose*, les petits génies évoqués dans une traînée de lumière poussent la défaillante jeune fille, plus qu'à demi pâmée, vers l'autel où va s'accomplir le sacrifice symbolique, où l'Amour, armé d'une torche, l'attend en souriant. Comme l'exécution de tout cela est subtile et fringante et dit bien ce qu'elle veut dire avec ses rondeurs pimpantes, ses contours fondus, les brusqueries et les finesses de ses lavis mousseux posés avec tant de caprice à la fois et de sûreté dans un tour de main, une caresse et un sourire!

Quand la Révolution aura démoli les boudoirs et décimé la société pour laquelle furent composées ces choses immorales et exquises et qu'on aura vu les rouges réveils de tous ces carnavals roses, le pauvre Frago aura perdu toute raison d'être. Il se consolera, sous le Directoire, à dessiner quelques illustrations pour les *Contes* de la Fontaine, et quand, enfin, les réalités sanglantes, les guerres de l'Empire après la Terreur, ne laisseront plus de place aux jolies fêtes galantes, il n'aura plus qu'à achever tristement de mourir, dépaysé au milieu d'un monde nouveau. Un charmant portrait autographe nous le montre aux premiers temps de la Révolution, vieilli, tout de noir habillé, doucement mélancolique, dans une salle tendue de brun. Sur la table où son bras s'appuie est posée une guitare; à ses pieds un carton d'estampes; mais il ne regarde ni ne joue; dans l'ombre du soir qui tombe, il se souvient et il songe, et sur son front chauve, que tant de rêves roses habitèrent, le crépuscule gris descend.

Comme Fragonard, Greuze survécut à ses succès. La mode, qui l'avait servi, ne lui fut pas plus clémente et les dernières années de sa

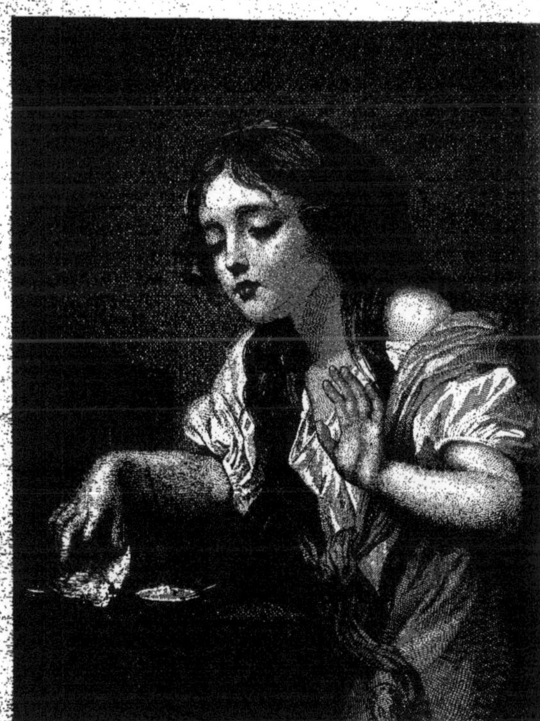

L'OISEAU MORT

(MUSÉE NATIONAL DU LOUVRE)

Imp. Taneur. Paris

vie (il mourut le 21 mars 1805) s'achevèrent dans la misère et
l'abandon, — consolées seulement par la tendresse d'une fille et
la sollicitude fidèle d'un petit nombre d'amis. Il semblait pourtant
que « le peintre de la morale », le metteur en scène « sensible »
et sentimental des mœurs bourgeoises et populaires, devait trouver
grâce devant la société nouvelle, « régénérée » par la Révolution.
Au moment de sa ruine, l'Assemblée nationale lui votait (16 juillet 1792), une pension de 1,537 livres dix sous, et le décret était
contresigné par Louis XVIII « l'an 1792, de notre règne le 19° et le 4°
de la liberté ». Mais, ce n'était là qu'une charité impuissante, un
hommage sans écho. Pour plaire au public et aux esthéticiens
d'alors, il fallait revêtir la toge ou le cothurne; la morale bourgeoise
n'avait chance de réussir qu'en se haussant à la peinture d'histoire;
— et ce titre de peintre d'histoire, l'Académie royale l'avait dédai-
gneusement refusé à Greuze... Il expose pourtant aux Salons de la
Révolution: en l'an VIII, — après avoir cessé d'y paraître depuis 1769,
— il envoie un *Départ pour la chasse*, une *Jeune femme se disposant
à écrire une lettre d'amour*, un *Enfant hésitant à lâcher un oiseau dans
la crainte qu'il ne soit mort*, l'*Innocence tenant deux pigeons*, des
portraits, etc., etc.; — en l'an IX, le critique du *Journal des Débats*,
Boutard, son ami, essaie de ramener sur lui l'attention et la sympathie publiques. « Enfin Greuze a exposé; Greuze sans imitateur
comme sans modèle! Le peintre de la morale, dans ses vieux préjugés,
n'a pu encore se persuader qu'il soit plus noble de faire voir ses
ouvrages chez soi pour de l'argent ¹ que de les exposer au public, sans

---

1. Plusieurs peintres, David, Gérard, Régnault, avaient organisé, au grand scandale de
quelques critiques, des expositions privées et payantes dans leurs ateliers. Le *Journal des
Débats* publiait, le 13 nivose an IX, une note ainsi conçue : « Le citoyen David a le premier
exposé et fait voir ses ouvrages pour de l'argent dans un local particulier. Le citoyen Regnault
a suivi son exemple... » Le 13 brumaire an X : « David seul, tout à fait désabusé du faux éclat
de la gloire de ce monde, persiste à ne point paraître au Salon. Malgré la clameur publique, il
tient le portrait du premier Consul renfermé dans son atelier; le va voir qui veut pour un franc.
Sans doute l'intérêt et le génie ne devraient pas habiter ensemble, mais le dernier ouvrage de
David plus qu'aucun autre, prouvé que cela leur arrive quelquefois. » Le 9 vendémaire an XI,
« le premier consul a demandé inutilement qu'on fit voir *pour rien* son portrait exposé dans son
propre palais... »

en prétendre d'autre prix que l'admiration et les éloges de ses conci-
toyens. » Hélas ! admiration et éloges n'étaient que sous la plume de
Boutard ; son enthousiasme ne trouvait pas d'écho dans le public...
C'était pourtant un sujet bien fait pour émouvoir la sensibilité facile
et la vertu déclamatoire dont la rhétorique du temps nous a conservé
de si nombreux exemples ! Il s'agissait d'un *Cultivateur remettant la
charrue à son fils en présence de sa famille.* Le critique ami a soin de
rappeler que Lebrun, à Versailles, représenta Louis XIV adolescent
s'éveillant au milieu d'une foule de plaisirs qui fuient consternés en le
voyant porter la main sur un timon et s'apprêter à suivre la Gloire
qui l'appelle... Vincent, plus récemment, venait de peindre, en l'honneur de l'agriculture, « le fils d'un riche habitant de la ville à qui son
père fait par humilité singulière donner une leçon de charrue pour
lui apprendre à respecter la profession de laboureur... » Mais com-
bien le sujet imaginé par Greuze était plus « simple » et quel émou-
vant spectacle, au témoignage de Boutard, que celui de ce cultivateur « mettant la charrue aux mains de son fils en présence de la
nature ».

Greuze, fidèle à son goût de commentaire, avait pris soin d'expliquer à son ami toutes ses intentions. « J'ai voulu, lui disait-il, donner
à la tête du chef de cette famille la dignité et l'air d'autorité qui sont
le caractère de l'âge et de la paternité. J'ai appelé dans mon atelier
vingt modèles ; toutes ces figures sont flétries, déformées par le vice
ou la misère. Je me suis souvenu d'un vieillard qui habitait près de
la maison de mon père !... »

Peine perdue ! le succès allait aux *Cincinnatus,* aux *Lycurgue,*
aux *Phocion.* Clodion, le décorateur des boudoirs, le chef de chœur
des fringantes bacchanales, en vint à faire des *Caton !* Greuze, au Salon
de l'an XII, tentait un suprême effort, à la veille de mourir, pour
ramener le succès infidèle, sacrifiait au « grand art » et exposait
Ariane dans l'île de Naxos...

Le style noble est dès lors triomphant ; la vertu d'une part, — une
vertu *spartiate* et farouche, — le classicisme gréco-romain de l'autre,

règnent sans partage dans l'art. — Vien, menacé par le tribunal révolutionnaire et averti à temps par David, dessine le *Char de la Révolution*, traîné par Hercule et par Mars, salué par les acclama-

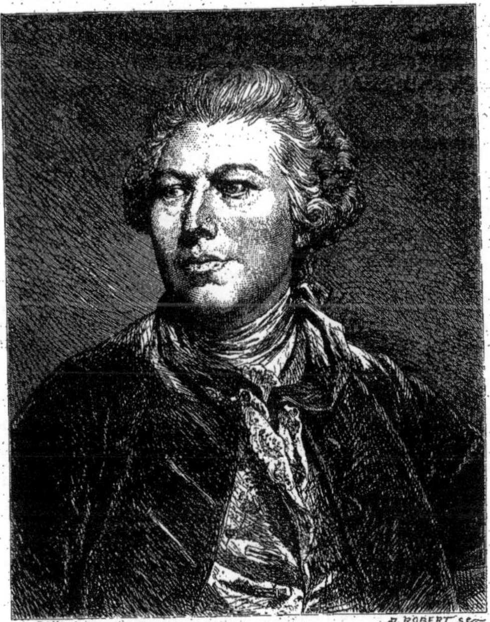

PORTRAIT DE WILLE, PAR GREUZE[1].

tions des travailleurs vertueux et des mères fécondes; — Moreau le jeune lui-même, qui avait dessiné et gravé avec tant de verve, d'esprit et de libres allures le *Sacre de Louis XVI*, les *Fêtes* du règne

---

1. Ce portrait, peint de verve, en 1765, est le chef-d'œuvre de Greuze. Il fait partie de la collection de M. Édouard André.

et la *Revue du roi*, s'applique au grand style classique; dans la *Fête égyptienne* et la *Fête de la Fédération*, où la nation est adorée sous le nom d'Isis, il nous fait assister à un défilé minutieusement détaillé de casques, bonnets syriens, boucliers, glaives carrés, chars, figurants en toges et péplums, parmi des pyramides et obélisques alignés. C'est David qui a dressé le programme de la fête; un symbolisme déclamatoire est partout de rigueur; il est question d'élever une statue colossale du *Peuple* tenant d'une main les figures de la *Liberté* et de l'*Égalité*, s'appuyant de l'autre sur la massue d'Hercule, et portant écrits sur le front : Lumière; — sur la poitrine : Nature; — sur les bras : Force; — sur les mains : Travail. — Espercieux, l'auteur d'une statue de la *Liberté*, demande qu'on proscrive tous les tableaux flamands « comme ridiculisant la nature humaine » et que tout sujet « non patriotique » soit désormais interdit aux artistes.

Jacques-Louis David (1748-1825) est le maître absolu de cette génération; il règne en despote sur l'École; il en est à la fois le théoricien et le professeur, l'initiateur et le juge... Il datait pourtant, lui aussi, de ces « époques de corruption » dont le souvenir était alors maudit et proscrit en son nom; il avait commencé par imiter Boucher, son parent « Boucher de ridicule mémoire! »; — il avait sacrifié au rose, — et s'il faut en croire Vien, qui a un peu arrangé les choses après coup, il aurait, en partant pour l'Italie (1775), tenu les propos les moins orthodoxes, par exemple : « L'antique ne me séduira pas; l'antique manque d'action et ne remue pas. » A quoi le sage Vien, qui eut toujours raison, se contentait de répondre : « Calmez-vous, mon ami, calmez votre tête. Vous êtes fait pour perdre ou régénérer l'École... Réservez votre enthousiasme pour Rome; à Rome vous comparerez; puis vous serez le maître de choisir. » Et David de reprendre : « Je tiens à ma manière; je n'en changerai pas. » — Et Vien de prophétiser : « Je vous prédis que vous vous rétracterez. »

Quoi qu'il en soit de ces propos, il est certain que David, à

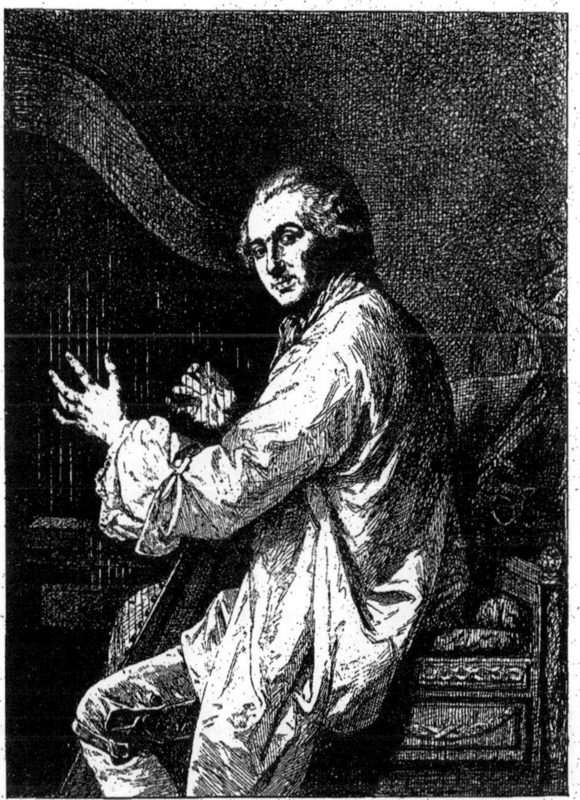

« M. DE LA LIVE DE JULLY », PAR GREUZE (1765).
(Collection de M. le comte Goyon.)

l'époque où il décorait le salon du banquier Perregaux et où il achevait pour la Guimard, dont il avait fait le portrait « dans la manière de Boucher », le boudoir commencé par Fragonard, — même quand il peignait la *Mort des fils de Niobé*, son tableau de concours, était loin de prétendre au rôle de « sectateur des anciens » et de réformateur de l'art. Le séjour de Rome fut-il d'un effet aussi soudain que Vien s'est plu à le dire?... Six mois après son arrivée, le néophyte repentant lui aurait apporté un album, rempli d'esquisses d'après des statues et bas-reliefs antiques, avec cette confession : « Ce n'est qu'ici que j'ai reconnu la vérité de ce que vous me disiez journellement !... »

Le 26 janvier 1778, les commissaires chargés par l'Académie de juger les envois de Rome, s'exprimaient ainsi sur le compte de David : « Les mêmes encouragements [1] sont dus au sieur David; il montre la plus grande facilité dans le pinceau; sa couleur est animée quoiqu'un peu égale; sa manière de draper large et vraie. Dans la grande esquisse de bataille, où l'on remarque de la chaleur, on peut reprocher trop de papillotage dans les lumières et des réminiscences trop prochaines de groupes très connus... » Il semble qu'on saisisse là le moment de la transition et les premiers symptômes de la conversion à l'antique.

Mais il était encore loin de ce style rigide, *nu* et sévère où il devait atteindre et qu'il allait proposer à ses élèves comme la formule même du Beau absolu et du grand art. Il copiait l'antique, mais en « l'assaisonnant à la sauce moderne », fronçant les sourcils, ouvrant la bouche, relevant les pommettes, y ajoutant *l'expression* — et, comme il disait plus tard, la *grimace*. — Il copiait aussi quelques tableaux ; un des premiers qu'il choisit fut la *Cène* de Valentin, ce réaliste farouche, qui l'avait séduit par la vigueur de ses ombres, la décision de sa facture et la franchise un peu rude de son modelé. En allant spontanément à un pareil maître, il témoignait de son désir d'affranchissement et que les fadeurs à la mode, les délayages de tons à la manière de Pierre, de Vanloo et des

1. Il est d'abord question de Suvée, Monnier, Peyron, etc. (*Arch. Nat.* O¹. 1924.)

peintres académiques de la fin du xviii° siècle, ne lui paraissaient plus un idéal digne d'être imité.

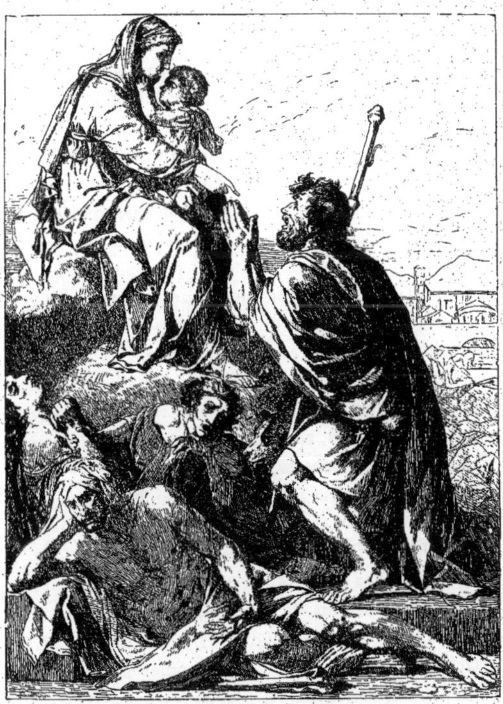

« LA PESTE DE SAINT ROCH », PAR L. DAVID.

La *Peste de Saint-Roch*[1] qu'il acheva en 1779 et qui, exposée à

1. Aujourd'hui à Marseille, où elle fut envoyée en 1782. Le 26 avril de cette année, M. Goys, négociant à Marseille, informe M. le Directeur général des bâtiments, arts et manufactures du Roi, » de la sensation qu'a faite à Marseille la vue du tableau de S. Roch de M. David et de la

Rome y obtint un grand succès, est encore, pour la rhétorique et le style, tout près de l'art académique, mais avec plus d'énergie dans le dessin et de vérité.

En 1780, il revient à Paris, — où il ne devait pas tarder à prendre les allures d'un réformateur et l'autorité d'un chef d'école. Pourtant, son *Bélisaire* (1780) et même son *Andromaque pleurant la mort d'Hector* (1783), qui fut son morceau de réception, sont encore des œuvres de transition et participent, pour le système des draperies, la tonalité générale d'un blond blafard, des pratiques de l'Académie royale. En 1781, il avait demandé, comme agréé, un congé d'un mois pour visiter les Flandres[1]. Il serait intéressant de connaître ses impressions et ce qu'il rapporta de cette visite qu'il devait renouveler au pays de Van Eyck et de Rubens. Peut-être pourrait-on en trouver dans quelques-uns de ses portraits des traces bienfaisantes... Toujours est il qu'il fut bientôt pris tout entier par son rêve romain. Il sentit le besoin de se retremper aux sources sacrées de l'*Antique tout cru*, comme il disait, et à la fin de 1783, il reprit le chemin de Rome, accompagné de sa jeune femme et de son élève, J. G. Drouais, mort prématurément en 1788, après des succès qui semblèrent un moment devoir égaler, sinon dépasser, les siens.

Il emportait de Paris l'idée et la commande d'un nouveau tableau qui fut exécuté à Rome et marque vraiment le commencement de sa manière rigide et antique : le *Serment des Horaces*. Exposée au Salon de 1785, cette œuvre consacra la réputation naissante et l'autorité du maître, qui, pendant plusieurs années, resta pour le public l'auteur des *Horaces*. La *Mort de Socrate* (1787), qu'il fit pour M. Trudaine, est cependant d'une composition plus homogène, plus forte et plus

décision prise par les membres de bureau de la Maison de Santé pour que ce tableau ne fût pas enterré dans la chapelle du Lazaret où il serait comme ignoré. M. Goys ajoute qu'il sent bien que ce tableau n'est pas payé; mais que pour que le bureau fût autorisé à donner une gratification en sus, il faudrait l'aveu de M. l'intendant. » Le 15 mai 1782, nouvelle lettre. Le bureau n'a rien accordé, et, de son côté, M. David s'en tient au remboursement de ses frais, montant à 350 francs, et renonce à toute gratification en sus du prix convenu. (*Arch. Nat.* O', 1213.)

1. M. David, agréé, profite de la circonstance d'un voyage de M. Sauvage en Flandre pour voir cette belle école pendant un mois... (Note de Pierre, 1er oct. 1781. *Arch. nat.* O. 1912.) Congé expédié le 4 octobre 1781 (*Id.*).

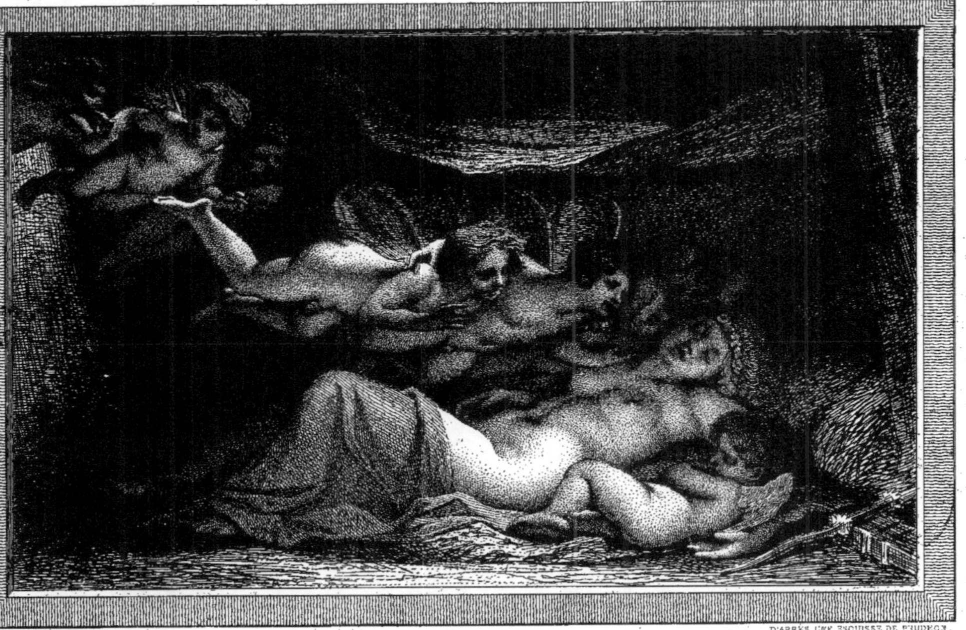

GRAVURE DE LÉOP. FLAMENG.   D'APRÈS UNE ESQUISSE DE PRUDHON.

LE SOMMEIL
(MUSÉE NATIONAL DU LOUVRE)

Les chefs d'œuvre - 6.   Imp. Lemercier, Paris.

saisissante et pourrait, mieux qu'aucun autre morceau de cette période, servir à caractériser sa manière *romaine*. Une exécution sèche et froide, et pour ainsi dire abstraite, une intelligence et surtout une volonté robuste, mais sans chaleur et sans âme, un sentiment étroit et une vision singulièrement incomplète et systématique de la beauté réduite à quelques formules sans souplesse et sans vie, extraites des bas-reliefs antiques beaucoup plus que de l'observation directe et émue de la nature, tel est cet art dont l'enseignement tyrannique allait peser sur l'École et lui faire payer bien cher quelques réformes nécessaires. — Les fortes qualités personnelles et le génie de David devaient en maintes rencontres heureuses et au contact salutaire de la vie se dégager des entraves de son système; mais ce système, en tant que système, fut néfaste; la raison raisonnante présida à son élaboration; le jacobinisme intellectuel le plus étroit à son application.

En 1789, en même temps que le roi commandait à David *Brutus rentrant dans ses foyers après avoir condamné ses fils*[1], le jeune comte d'Artois, dont les goûts étaient moins austères et qui se souciait moins du « grand art » que de plaisirs et de galanterie, lui demandait les *Amours de Pâris et d'Hélène*... Il suffirait de regarder cette idylle assez fade pour sentir à quel point le don de la grâce et du sourire avait été refusé à David... Dans le *Brutus*, il s'appliqua à serrer d'aussi près que possible la vérité historique, et ce souci d'exactitude archéologique, alors dans toute sa nouveauté, eut le plus grand succès. On se répétait avec admiration, que la tête de Brutus était fidèlement copiée d'après un buste antique du Capitole, la statue de Rome et le bas-relief de Romulus et Rémus sur des monuments originaux. On étudiait avec curiosité les costumes et le mobilier, dont on savait que David avait fait exécuter, sur ses dessins, des modèles par l'ébéniste Jacob. Il en avait emprunté les éléments et l'ornementation à des « vases étrusques... »; et ces meubles d'atelier, que l'on

1. Il avait d'abord peint les têtes des condamnés, séparées du tronc et portées par les licteurs. Après la Révolution, il crut prudent de faire disparaître ces chefs décapités, où l'on n'eût pas manqué de chercher des allusions à la Terreur et à la guillotine.

retrouve dans les *Horaces*, le *Socrate*, le *Brutus*, *Hélène et Pâris*, — même dans le portrait de Mme *Récamier*, — eurent sur la décoration intérieure et le mobilier du temps une rapide influence. Les formes « sévères et carrées » furent dès lors en honneur; dans l'ajustement des femmes, la suppression du corset et des chaussures à talon, l'usage des vêtements légers, les coiffures flottantes; — chez les hommes l'habitude de porter les cheveux sans poudre, marquèrent l'avènement des temps nouveaux.

On ne racontera pas ici une fois de plus l'histoire de David pendant la Révolution. Son rôle dans la dispersion de l'ancienne Académie royale, dont il avait été l'élève, le pensionnaire et l'obligé avant d'en devenir l'un des membres et des premiers dignitaires, éclaire tristement son caractère; sa mémoire n'aurait rien à gagner à ce récit... Nous n'en retiendrons que ce qui intéresse son œuvre et son art.

En le jetant en plein drame, en le mettant aux prises avec la vie et avec les hommes, en exaltant dans son cœur les passions violentes, en le mêlant à une sanglante tragédie, la Révolution lui inspira quelques-uns de ses chefs-d'œuvre. Si dans la pompe funèbre de *Lepelletier de Saint-Fargeau*, si même dans ce qu'il avait esquissé du *Serment du Jeu de Paume*, on sent trop l'intervention d'une doctrine *a priori*, et, par suite, une froideur quasi officielle, il n'est plus question de théorie et de système dans le *Marat*, ou dans ces portraits tout frémissants de passion et de vie qu'il exécuta en quelque sorte sous la double dictée de la nature présente et de l'émotion soulevée.

Si invraisemblable et étrange que la chose puisse paraître, il aima Marat; il ne pensait certes pas aux Grecs ni aux Romains, « aux idées théoriques que procure la contemplation des monuments antiques », aux dangers de « l'accidentel qui altère le caractère des formes », au « type du beau », — quand, dans un mouvement de colère et de pitié, il peignait son ami, poignardé dans sa baignoire, transfiguré par la mort; — ou bien lorsque, en quelques coups de crayon, il fixait en une immortelle esquisse, le masque bestial et puissant de Danton.

Dans la plupart de ses portraits de la période révolutionnaire, on retrouve, à un égal degré, cette même flamme de vie, cette intime et vivante ressemblance. — C'est par là — bien plus que par les *Horaces* — que, depuis le *Marat* jusqu'au tableau du *Sacre*, il fut vraiment, en dépit de ses théories et comme à son corps défendant, un

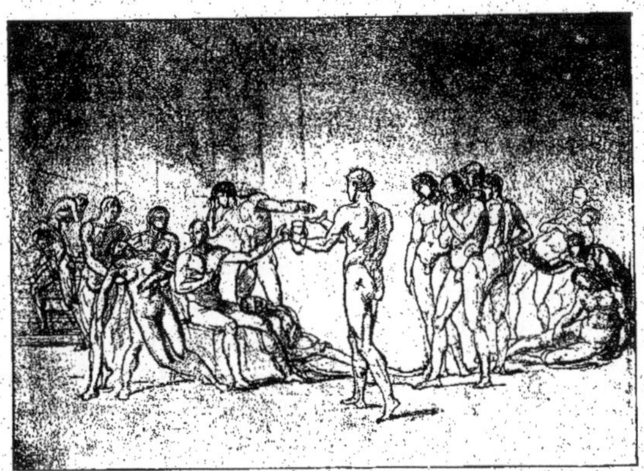

ESQUISSE POUR LA « MORT DE SOCRATE », PAR L. DAVID.
(*Dessin du Musée Wicar.*)

grand peintre d'*histoire*. Voici *Lavoisier et sa femme*. Le morceau est daté de la veille de la Révolution : *L. David, Parisiis anno 1788* : c'est du David tranquille, avec une pointe de « sensibilité » à la mode du jour, un peu mince, mais aussi charmant que peut l'être un peintre qui a le dédain du sourire. On dirait presque d'un Vigée Lebrun, à peine corsé. Le savant, en habit noir, est à sa table de travail ; à ses pieds, tout près de lui, des cornues, des éprouvettes, des instruments de laboratoire ; sa femme en robe blanche et bleu pâle s'est approchée, la main posée sur l'épaule de son mari. Il s'interrompt d'écrire et tendrement tourne la tête vers elle. Sans avoir encore l'intensité de vie qui éclatera dans maints autres portraits, les figures ont un charme d'intimité. Les accessoires, vêtements, appareils, encrier, etc... sont touchés avec une souplesse et une aisance qui sentent encore leur xviiie siècle ; — sans appuyer plus qu'il ne convient, tout est mis en sa place et d'un pinceau bien informé.

Dans l'admirable portrait de *Michel Gérard et sa famille*[1], l'impression de nature et de vie est plus forte et, dans une exécution encore un peu lisse et uniforme, le caractère est merveilleusement souligné. Le brave homme est bien chez lui, dans un déshabillé plus que familial, en manche de chemise ; — un petit garçon s'appuie contre son genou ; une fillette est assise au clavecin ; deux autres fils plus âgés se tiennent debout derrière leur père. Ah ! il ne s'agit plus ici de Romains ni de Grecs ni de ce « *type du beau* qui n'existe que dans la nature collective et qu'on ne rencontre pas chez les individus. » La nature est là, la nature *individuelle*, et le peintre a subi son influence ; il a oublié son esthétique ; il a écouté les conseils bienfaisants de la vie. Dans cet intérieur de simplicité et de cordialité bourgeoise, avec son mobilier patriarcal, sa cheminée à moulures économiques et la tasse de faïence dorée oubliée dans un coin, il n'a pas pensé davantage à introduire les meubles d'atelier...

La marquise d'Orvilliers (1790) est assise dans une attitude familière, les bras nus jusqu'au coude posés sur le dossier de son fauteuil, les mains croisées. Elle porte une robe noire relevée d'une ceinture rouge ; dans ses cheveux courts, soulevés en boucles légères, un ruban également rouge ; la gorge opulente est emprisonnée dans un fichu blanc de gaze soufflée, à la façon de Mme Roland ; la tête, admirable de vie et d'éclat, regarde droit devant elle avec une bonne humeur, une verve d'esprit, presque d'espièglerie tempérée par la douceur bienveillante des yeux où s'est niché dans un coin un rien de rêverie...; le peintre a tout dit d'un pinceau souple et généreux.

Barrère est à la tribune ; il prononce contre l'appel au peuple le

1. Musée du Mans.

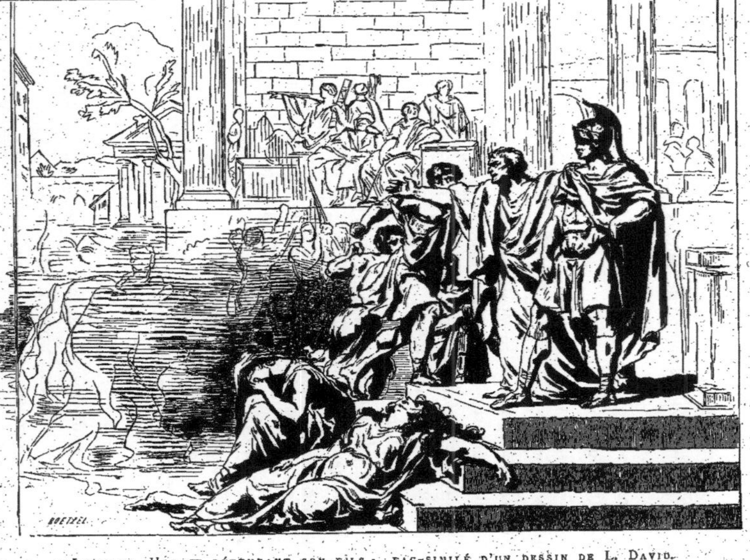

« Le vieil Horace défendant son fils », fac-similé d'un dessin de L. David.

discours qui doit entraîner la majorité et coûter la vie à Louis XVI. Le front est pauvre : le regard froid et dur ; le menton avance en pointe aiguë ; la bouche s'ouvre avec un pli haineux de la lèvre ; une main est posée sur la tribune ; l'autre sur la hanche, dans un mouvement anguleux et étriqué de tout le corps. L'étroitesse des idées, la tyrannie de la logique bornée, la passion sectaire, se lisent en traits ineffaçables sur cette tête, véritable machine à fabriquer du fiel.

Mais voici Bonaparte ! David a été du grand nombre des révolutionnaires qui ont acclamé le héros. Son élève, Delécluze, nous a conservé tout vivant le souvenir d'une visite du général au Louvre, où David avait son atelier, l'atelier des Horaces[1]... Le bruit de sa venue s'est vite répandu, — un élève accourt, tout essoufflé : « Voilà le général Bonaparte ! » — Il entre, vêtu d'une simple redingote bleue à collet, qui, se confondant presque avec le noir de sa cravate, « faisait ressortir sa figure jaunâtre et maigre ». On congédie les élèves ; et c'est alors, qu'en une séance de trois heures à peine, interrompue par l'impatience du modèle, David ébauche la tête, — admirable esquisse qu'il n'acheva pas, où il a exprimé en traits inoubliables, dans le regard brûlant d'un ardent et sombre éclat, dans la maigreur et la pâleur du visage aux grandes lignes et aux larges méplats, toute l'âme de son héros, car « ce qui se passe dans l'âme de César est représenté dans son corps ».

Le lendemain, les élèves attendaient avides de détails leur maître. Il arrive enfin, vers deux heures : « Vous êtes curieux, dit-il en souriant plus que de coutume et de manière à laisser voir la tumeur de sa mâchoire supérieure, vous êtes curieux de savoir ce qui s'est passé hier, là-haut ? Ah ! je crois, j'espère au moins, que ce que j'ai fait hier sur une toile n'est pas inférieur à mes productions précédentes. Vous verrez cela, vous verrez cela, mais quand j'aurai fini. Oh ! mes amis, quelle belle tête il a ! C'est grand ! C'est beau comme l'antique ! Le connaissez-vous ? L'avez-vous vu ? — Non ! non ! monsieur, » s'écrient quelques

1. Voir *Louis David, son école et son temps*. Souvenirs par E.-J. Delécluze. (Paris, 1863, in-16.)

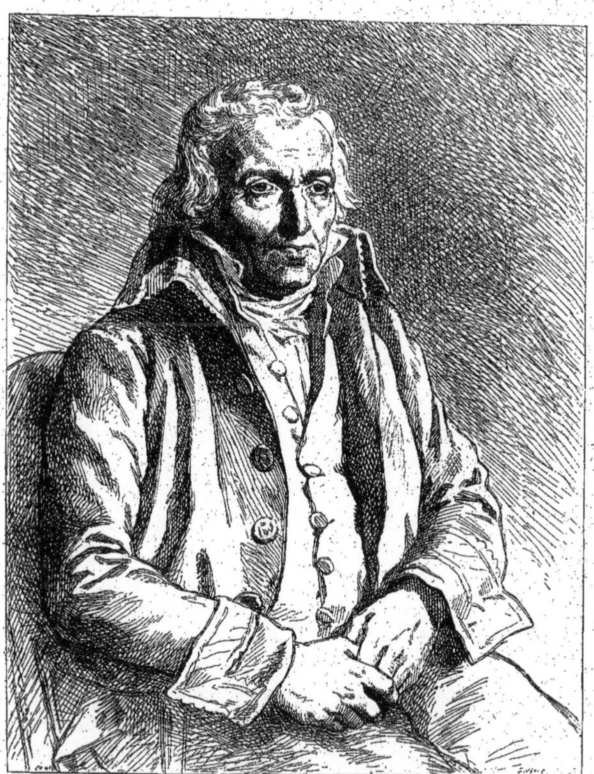

Portrait de Fuzelier, d'après L. David.

voix. « Eh bien, continue le maître en prenant un porte-crayon des mains d'un élève, attendez. Je vais vous en donner une idée... Taille-moi donc ce crayon un peu plus fin, » dit-il brusquement à un petit rapin qui l'écoutait bouche bée, et, montant sur la table à modèle, il dessine au crayon blanc sur la muraille le profil de Bonaparte, « de la hauteur de quatre à cinq pouces ».

Et tandis que chacun s'empresse pour voir ce dessin, David se répand en éloges sur Bonaparte, sur ses prodigieux succès. « Enfin, mes amis, c'est un homme auquel on aurait élevé des autels dans l'antiquité; oui, mes amis, Bonaparte est mon héros ! »

Le héros avait malheureusement sur le portrait des idées qui n'étaient pas précisément d'un artiste. La ressemblance lui importait peu : ce qu'il fallait, c'était uniquement proposer à l'admiration ou à l'adoration de la foule une image — ressemblante ou non, mais impo-sante. — « Poser, disait-il plus tard à David, à quoi bon? Croyez-vous que les grands hommes de l'antiquité dont nous avons les images aient posé? Certainement Alexandre n'a jamais posé devant Apelle. Personne ne s'informe si les portraits des grands hommes sont ressemblants. Il suffit que leur génie y vive... »

Et David qui avait d'abord timidement objecté que la *ressemblance* n'est pourtant pas à dédaigner, que les contemporains au moins l'exigent et la contrôlent, — David, converti par son terrible interlo-cuteur ou feignant de l'être, s'écriait : « Vous m'apprenez l'art de peindre ! »

Aussi le portrait équestre de *Bonaparte traversant le mont Saint-Bernard* est-il loin de valoir l'esquisse improvisée dans cette *séance* de trois heures de l'atelier du Louvre, toute pleine et toute ardente de la présence même, — de la *présence réelle* — du héros.

Il devait pourtant le peindre une fois encore, dans un tableau qui est son chef-d'œuvre : le *Sacre*. La commande lui en avait été faite avec celle de trois autres tableaux : le *Distribution des aigles*; l'*Hom-mage que le gouverneur de Paris fait à Sa Majesté des clefs de la capitale*, et l'*Intronisation*. Les deux derniers ne furent jamais

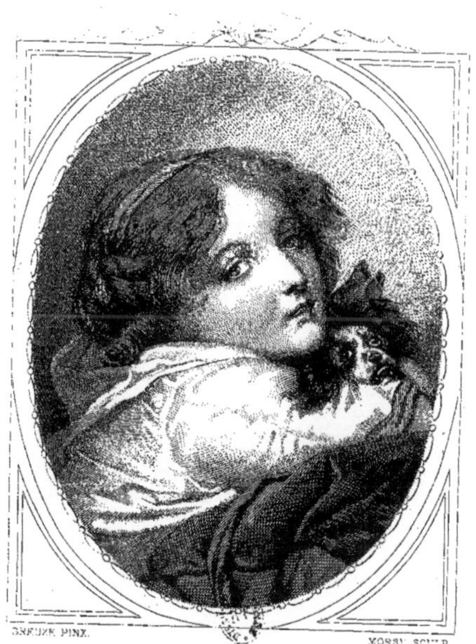

LA JEUNE FILLE AU CHIEN
(MUSÉE NATIONAL DU LOUVRE)

exécutés ; la *Distribution des aigles,* en dépit de beaux morceaux, reste froide et guindée, David voulait absolument y introduire des vols de *Victoires* allégoriques ; il fallut presque un ordre pour l'en empêcher : mais il pensa trop à ses allégories en peignant... Le *Sacre* est un chef-d'œuvre.

David y travailla quatre ans, d'abord avec quelque méfiance ; ce grand tableau moderne l'inquiétait. A mesure qu'il avançait pourtant, il s'y intéressa davantage et, au témoignage de Boutard, qui avait reçu ses confidences, il convenait avoir trouvé dans le long vêtement des prêtres, dans la pourpre des prélats, dans l'ajustement des dames d'honneur, l'habit des officiers généraux « plus de ressources pour l'art qu'il ne s'y était attendu ». Il avait compris, disait encore Boutard, critique du *Journal de l'Empire*, dans l'article qu'il consacrait au « *Tableau du couronnement* de M. David, premier peintre de Sa Majesté, membre de l'Institut et de la Légion d'honneur », il avait compris que « pour tenir en harmonie une composition remplie d'un si grand nombre de portraits, il serait obligé d'adoucir un peu le style sévère qui avait assuré le succès de ses autres ouvrages et qui fait la gloire de l'École moderne à laquelle il en a donné le premier l'exemple et le précepte... ».

Et il croyait devoir l'en excuser !... Telle est la rigueur des principes. On connaît, de reste, cette page admirable. Toute la scène est là fidèlement reproduite, comme par un maître des cérémonies, qui serait en même temps un historien : c'est un procès-verbal épique. Debout sur une des marches de l'autel, vêtu de la tunique de satin blanc et du long manteau de velours cramoisi, César tient la couronne levée au-dessus de la tête de Joséphine, agenouillée à ses pieds. C'est lui qui a voulu être ainsi représenté, dominateur et triomphant, en avant du pape, assis derrière lui, comme inutile et passif, réduit à donner, de son geste résigné, une bénédiction qui semble commandée..... Il a pris la couronne; il n'a pas à la recevoir; il la donne à son tour. Près du pape, merveilleux

et tragique portrait, le cardinal Caprara, tête de diplomate italien
au grand front impassible et aux yeux observateurs; — puis le
cardinal Braschi, les mains jointes sur sa chape dorée. Autour de
l'autel, Cambacérès, le prince de Neufchâtel, Talleyrand, Murat,
Caulaincourt, etc., etc...; derrière l'impératrice, Mmes de Lafayette
et de la Rochefoucauld ; au fond, toute droite dans la tribune
réservée, Madame Mère entre la maréchale Soult et Mme de Fontanes;
— dans une autre tribune, dans un coin, David lui-même, occupé à
dessiner. Il était là; il a tout *vu;* il n'a rien oublié : il a mené jusqu'au
bout cet écrasant ouvrage, sans une défaillance de volonté, presque
sans une faiblesse de pinceau.

Il s'étonnait lui-même du parti qu'il avait tiré de cette cérémonie
contemporaine, de cette mise en scène pourtant si grandiose et si
bien faite pour émouvoir... Ce n'était pas l'artiste et le peintre,
c'était le théoricien qui éprouvait ces étonnements, en vérité naïfs.
Qu'on regarde de quelle touche libre et savoureuse il a tout exprimé,
jusqu'aux accessoires, marbres et dorures de l'autel, tapis, velours,
candélabres, étoffes chamarrées; comme le parti de lumière a été
largement établi et sûrement conduit pour mettre tout en valeur et
en place; qu'on étudie surtout une à une toutes les têtes groupées là,
si vivantes, si profondément individuelles, — ce qu'il y a de richesse
et de dessous dans l'imposante unité de cet ensemble... et l'on
tombera d'accord qu'il ne fut jamais plus grand peintre d'histoire
qu'en peignant ce tableau du *Sacre*, qui, au concours décennal
de 1810, obtenait le sixième « grand prix de première classe »
réservé à l'auteur du « meilleur tableau représentant un sujet honorable pour le caractère national » !

Une autre récompense lui avait été décernée déjà dans des
circonstances singulièrement émouvantes, dont un témoin oculaire
nous a conservé le souvenir. David, son tableau fini, était allé
l'annoncer à l'Empereur, qui voulut le voir. Au jour fixé, accompagné de Joséphine, de sa maison militaire, de ses ministres,
précédé et suivi d'une escorte de musiciens et de cavaliers, il s'ache-

mina vers la rue Saint-Jacques[1]... Quand toute la cour fut rangée, l'Empereur, la tête couverte, se promena pendant plus d'une demi-

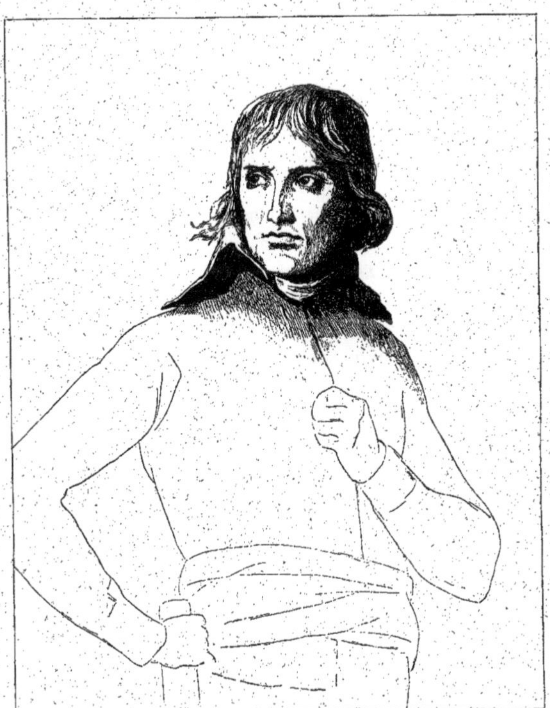

« BONAPARTE », ESQUISSE PAR L. DAVID.
(Collection de M. le marquis de Bassano.)

heure devant l'immense toile, examinant un à un tous les détails,

1. C'est là, près de la Sorbonne, dans l'ancienne église de Cluny, que se trouvait l'atelier où David avait peint ce tableau.

s'arrêtant quelquefois pour reprendre ensuite sa promenade et son inspection silencieuses, tandis que David et tous les assistants attendaient, immobiles, dans une profonde émotion... Enfin, le maître s'arrêtant de nouveau : « C'est bien, David ; vous avez compris toute ma pensée... » En ce moment, l'Impératrice s'approchait de la droite de l'Empereur, tandis que David écoutait, incliné, à sa gauche. Napoléon, faisant deux pas vers le peintre, souleva son chapeau, et avec une légère inclinaison de la tête, dit à voix haute : — *Commediante!* — « David, je vous salue. »

Ce n'était pas, on l'a vu, comme tableau d'histoire, mais simplement comme « présentant un sujet honorable pour le caractère national [1] » que le *Sacre* fut médaillé au concours décennal de 1810. — Dans la classe des *tableaux d'histoire*, proprement dits, de ceux qui appartenaient au plus haut style et pouvaient seuls, d'après l'esthétique régnante, prétendre au grand art, il avait présenté les *Sabines* [2]. — Il attachait à cette œuvre une importance capitale ; il y avait travaillé longtemps ; il y avait mis toutes ses prédilections ; dans sa pensée, il manifestait par là un idéal nouveau, ou du moins plus pur et plus élevé. Si les *Horaces*, le *Brutus* et le *Socrate* appartenaient à sa « manière romaine », les *Sabines* devaient inaugurer sa manière *grecque*. Il en avait esquissé les premières compositions pendant sa captivité au Luxembourg, — « *David pingebat in vinculis* », — et dès que le Directoire lui eut rendu la liberté, il se mit au travail. Il ne termina son tableau qu'en 1799 et l'exposa du mois de nivôse an VIII au mois de prairial an XIII, au Palais national des sciences et des arts (dans la

1. Les tableaux admis au concours pour la même classe étaient : *L'Empereur saluant les blessés ennemis* de Debret ; *L'Empereur recevant les clefs de Vienne* de Girodet ; les *Pestiférés de Jaffa*, la *Bataille d'Eylau* et la *Bataille d'Aboukir* de Gros ; le *Matin de la bataille d'Austerlitz* de Carle Vernet ; la *Révolte du Caire* de Guérin ; le *Passage du Saint-Bernard* de Thévenin ; l'*Allocution de l'Empereur à ses troupes* de Gautherot ; les *Soldats du 76ᵉ retrouvant leur drapeau à Inspruck* de Meynier.

2. Les *tableaux d'histoire* admis au concours étaient avec les *Sabines* de David : la *Consternation de la famille de Priam* de Garnier ; *Marcus Sextus* et *Phèdre et Hippolyte* de Guérin ; *Atala* et *Scène de déluge* de Girodet ; les *Trois Ages* de Gérard ; la *Justice et la Vengeance divine* de Prud'hon ; les *Remords d'Oreste* d'Hennequin ; *Télémaque dans l'île de Calypso* de Meynier ; deux plafonds allégoriques de Berthélemy.

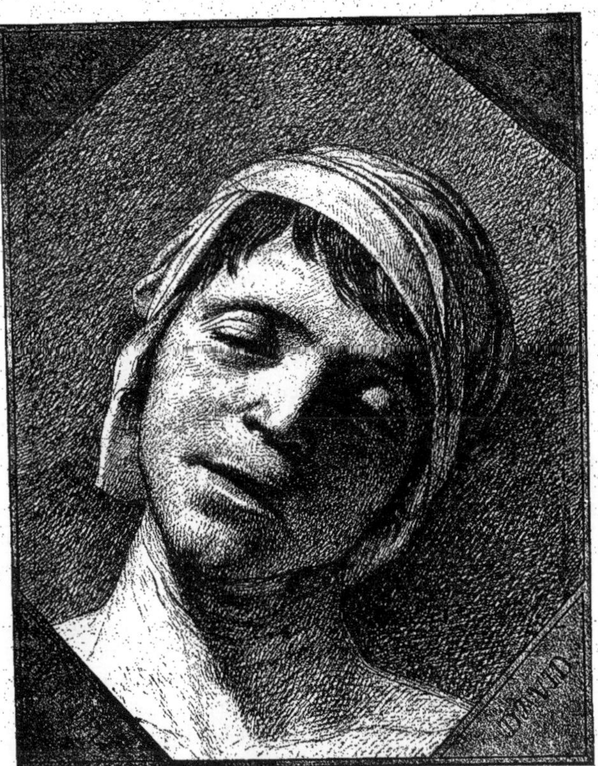

Portrait de Marat mort, dessin de L. David.

salle où sont maintenant les pastels, au Louvre [1]). — La curiosité publique était fort surexcitée; on racontait que quelques-unes des femmes les plus élégantes de Paris n'avaient pas dédaigné de servir de modèle, que la belle Mme de Bellegarde, notamment, avait autorisé le peintre à copier sa tête pour l'Hersilie; — un mouvement d'opinion, dont nous aurons à dire quelques mots, s'était, en outre, produit à ce moment dans l'atelier même de David; on se doutait vaguement qu'on n'était pas encore remonté aux véritables sources de cette beauté antique, dont on voulait faire l'étalon de toute œuvre accomplie; qu'il y avait entre Rome et la Grèce plus que de simples nuances, et David lui-même laissait échapper des aveux comme celui-ci : « Ah! si je pouvais recommencer mes études à présent où l'antiquité est mieux connue, j'irais droit au but! » Les *Sabines* offrirent un aliment à toutes ces discussions d'école et de doctrine; aucun tableau ne fut plus discuté et commenté.

Nous n'y voyons guère aujourd'hui qu'une page académique conventionnelle et assez théâtrale, où le maître s'est visiblement efforcé de mettre, dans le parti pris de couleur d'une tonalité générale argentée, plus de légèreté, de transparence et de finesse, dans le dessin plus de pureté et d'élégance, dans les figures plus de nu. Il avait peint deux esquisses : dans l'une les draperies dominaient; dans l'autre, le nu : c'est à la seconde qu'il s'arrêta définitivement, croyant se rapprocher par là de l'idéal hellénique.

La lutte fut vive, au concours décennal, entre les partisans des *Sabines* et ceux d'une *Scène de déluge* de Girodet-Trioson. Celui-ci finit pourtant par réunir la majorité des suffrages. Le jury, tout en louant « le port antique et pur, l'ordonnance, le dessin et l'élégance » du tableau de David, en critiquait certains détails; il s'étonnait, par exemple, que l'artiste eût donné des vêtements aux Romains et aux Sabins et eût représenté leurs chefs entièrement dévêtus, alors qu'il eût paru plus convenable et raisonnable, non seulement de les vêtir, mais de les armer de pied en cap, « leur conservation étant de plus grand

1. Cette exposition lui rapporta 65,617 francs.

prix pour les deux peuples ». En vain, les admirateurs de David
objectaient-ils que « la figure nue est dans l'ordre pittoresque infiniment supérieure à la figure vêtue » et qu'il s'agissait ici « d'un *tableau*

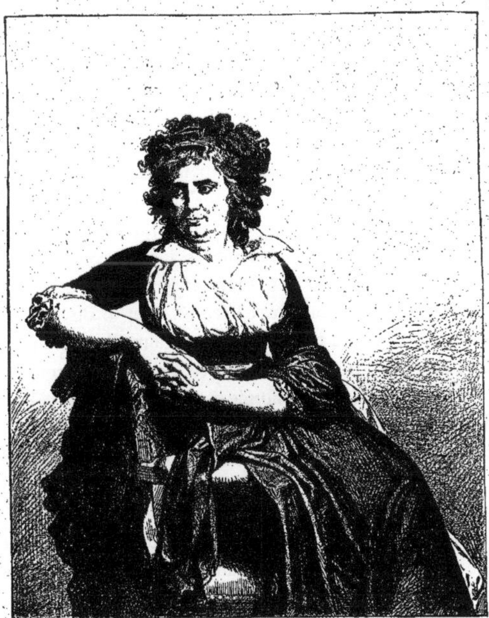

Mme D'ORVILLIERS, PAR L. DAVID.
(Collection de M. de Turenne.)

et non pas d'une *page* d'histoire », les qualités d'invention dramatique,
« fruit d'une imagination forte et ardente », qu'on admirait dans *Une
scène de déluge* de Girodet enlevèrent les suffrages. — Un critique,
intime ami de Girodet, ajoutait même « que cette composition tout

originale avait plus de rapports avec la production des grands génies des âges modernes, qu'avec les modèles transmis par l'antiquité ».

Nous avons essayé de nous mêler un moment à la foule qui se pressait devant ces tableaux jadis si célèbres — et qui ne passionnent plus personne aujourd'hui — et de recueillir quelques-unes des vives discussions soulevées à leur sujet. Mais nous ne saurions, pour chacune des œuvres du maître, refaire ici cette enquête, dont nous avons pourtant réuni tous les éléments... Il suffira d'avoir montré dans ses phases principales et ses œuvres les plus caractéristiques le génie de David, à la fois spontané et systématique, — fait de disparates singulières, où ses instincts et sa doctrine semblent avoir été plus d'une fois en conflit. Jusqu'à la fin de sa carrière, on rencontrerait les mêmes contrastes : il peindra, quelques années après les *Sabines*, le *Léonidas* (1814), par exemple, si souvent repris et refroidi à chaque fois, et dans le même temps le portrait du « Père Fuzelier », doyen des gardiens du Louvre à la fin du premier Empire, dont l'honnête physionomie l'avait intéressé et qu'il peignit dans sa livrée vert et rouge, assis, les mains croisées, avec une bonhomie cordiale, *ad vivum*. — Et c'est ainsi que jusqu'à sa mort (29 décembre 1825), durant son exil à Bruxelles, l'*Amour quittant Psyché*, *Télémaque et Eucharis*, la *Colère d'Achille*, *Mars désarmé par Vénus et les Grâces*, qui témoignent d'une déplorable fidélité à sa doctrine, alternent avec des portraits où l'on retrouve encore la passion et l'émotion de l'artiste devant la réalité et la vie, comme ces trois effigies, réunies dans le même cadre, vraiment extraordinaires, des *Commères* de l'ancienne collection Van Praët, d'un réalisme fougueux, d'une sincérité implacable dans leur laideur vulgaire, leur accoutrement surchargé, leur ressemblance si violemment physionomique et individuelle, — ou les portraits d'une grâce charmante, encore qu'un peu figée, et d'un sentiment si pénétré des filles de Joseph Bonaparte, qu'il peignit en 1822, à Bruxelles, et que possède aujourd'hui le Musée de Toulon.

L'Exposition de 1810 avait marqué l'apogée de l'École de David et aussi le commencement de son déclin. Ses élèves ont mal servi

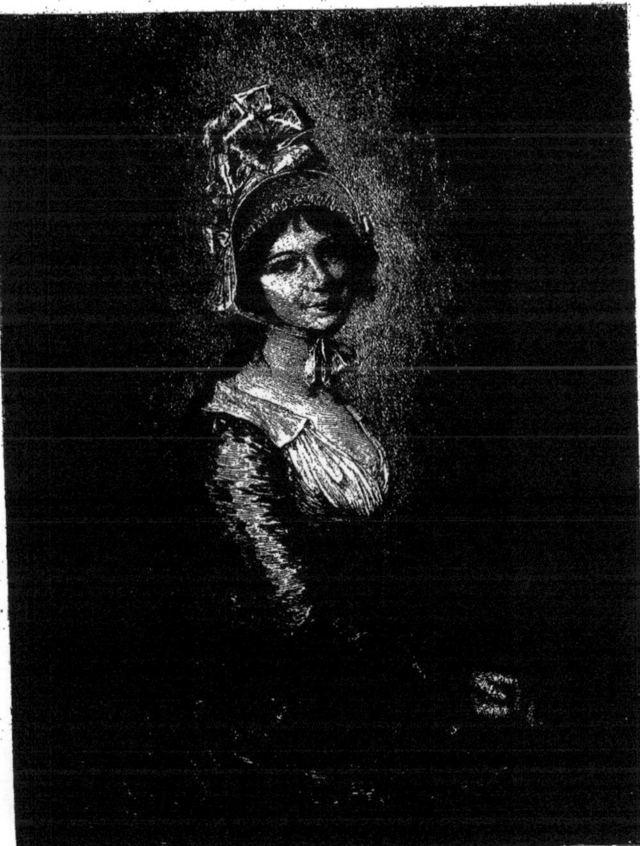

Mme COPIA

(MUSÉE NATIONAL DU LOUVRE)

sa mémoire. Ce fut un des paradoxes de sa destinée, et son châti-
ment peut-être !... que ce démolisseur implacable de l'ancienne
Académie, — dont on peut dire que l'esprit était en somme libéral,
— devint le fondateur et l'inspirateur d'une académie nouvelle,
sectaire et tyrannique, qui devait, pendant cinquante ans, combattre
toutes les tentatives d'émancipation, mettre à l'index tous les jeunes
talents inscrits aujourd'hui au livre d'or de la peinture française
au XIX⁰ siècle. Comme il arrive toujours, les continuateurs du
maître et surtout ses théoriciens, furent encore plus intolérants
que lui. Delécluze assure que, dans l'atelier, lorsqu'il corrigeait les
travaux des élèves, David savait discerner avec une rare perspi-
cacité le tempérament et les aptitudes propres de chacun et, tout
en signalant les défauts ou les dangers, tout en maintenant « la supériorité de l'antique », encourager dans le sens de leur vocation tous
les talents originaux. « Tu mets la charrue avant les bœufs, disait-il
par exemple à un jeune *coloriste*, mais c'est égal, fais comme tu
sens, copie comme tu vois, étudie comme tu l'entends, parce qu'un
peintre n'est réputé tel que par la grande qualité qu'il possède,
quelle qu'elle soit ; il vaut mieux faire de bonnes bambochades
comme Téniers ou van Ostade que des tableaux d'histoire comme
Lairesse ou Philippe de Champagne... » Voilà certes qui n'est pas
d'un maître tyrannique et témoigne au contraire d'une pédagogie
large et intelligente... Nous aurons à montrer malheureusement que
David ne fut pas toujours aussi bien inspiré et que, chez ses meilleurs élèves, il ne sut pas comprendre et encourager les inspirations
originales et fécondes. On dirait qu'il fut indulgent et libéral surtout
pour ceux dont il n'attendait pas grand'chose ; mais qu'aux mieux
doués et aux plus forts, comme Gros par exemple, il demandait
avec une insistance presque menaçante, de rester fidèles au « grand
art » tel que lui-même l'avait compris.

Voici pourtant un autre exemple de son libéralisme, rapporté
par le même véridique témoin. Il s'agit de Granet — le peintre
des intérieurs et du clair-obscur, un des premiers qui ait été attentif

aux problèmes de la lumière et de l'enveloppe. « Celui-là a ses idées, il a son genre, disait David. Ce sera un coloriste ; il aime le clair-obscur et les beaux effets de lumière. C'est bon, c'est bon ; je suis toujours content quand je m'aperçois qu'un homme a des goûts bien prononcés. Tâchez de dessiner, mon cher Granet ; mais suivez votre idée. » Suivez votre idée !... Ah ! s'il avait tenu le même langage à Gros !

Mais « l'esprit du temps », ce collaborateur anonyme, toujours présent et souvent tyrannique, qui marque de son empreinte toutes les œuvres d'une même génération, pesait plus lourdement encore que la doctrine du maître sur l'idéal commun, imposait à tous le même style *héroïque* et guindé, la même raideur, la même sublimité ! Jean-Baptiste Régnault (1754-1829) et François-André Vincent (1746-1816), qui avaient ouvert des ateliers rivaux dont les élèves disputaient à ceux de David les prix académiques, servirent les mêmes dieux. Pierre-Narcisse Guérin (1774-1833), élève de Régnault, Guérin, l'auteur de l'*Énée* et de la *Clytemnestre* du Louvre, pourrait aussi bien passer pour un élève de David ; — il fut de ceux qui, par leur exemple et leur enseignement, propagèrent et essayèrent d'imposer aux générations nouvelles la pure doctrine académique. Delacroix qui fut son élève ou, plus exactement, qui passa par son atelier, la résumait ainsi : « Nos maîtres, pour donner de l'*idéal* à une tête d'Égyptien, la rapprochent du profil d'Antinoüs. Ils disent : Nous avons fait notre possible, mais si ce n'est pas plus beau encore, grâce à notre correction, il faut s'en prendre à cette nature baroque, à ce nez épaté, à ces lèvres épaisses qui sont des choses intolérables à voir... Les têtes de Girodet sont un exemple divertissant de ce principe ; ces diables de nez crochus, de nez retroussés que fabrique la nature le mettent au désespoir. »

Pourtant, au sein même de l'orthodoxie triomphante, au chœur du sanctuaire, on peut, en y regardant de près, surprendre longtemps avant l'heure des révoltes décisives, des symptômes ou des tentatives d'affranchissement, des mouvements d'opinion et des tendances, signes précurseurs d'un changement de goût et qui permettent d'assister en quelque sorte au travail même de l'évolution. Dans l'atelier de David, — dès les premières années du siècle et même dans les dernières du dix-huitième, — une sorte d'émeute avait éclaté,

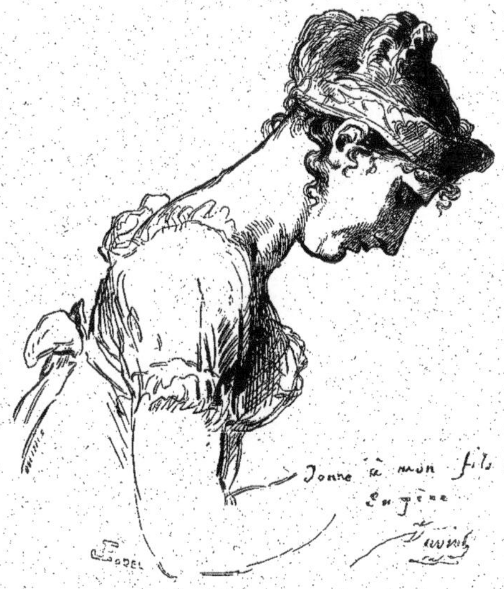

L'IMPÉRATRICE JOSÉPHINE, ÉTUDE POUR LE « SACRE »,
DESSIN DE L. DAVID.

suscitée par un petit groupe d'artistes sur lesquels on voudrait bien avoir quelques renseignements plus précis, dont surtout on donnerait beaucoup pour connaître quelque œuvre. On les appelait les *primitifs*, les *barbus*, les *penseurs*... Quelques pages dithyrambiques de Nodier, un chapitre doucement ironique de Delécluze, quelques articles ou paragraphes écrasants de mépris de Boutard sur la

« secte pensante », voilà tout ce qui nous reste d'eux, ou plutôt sur
eux... d'ailleurs pas une œuvre, pas une esquisse. Que valait et que
voulait vraiment ce Maurice Quay que Nodier a chanté ? « Sous les
formes d'Antinoüs et d'Hercule combinées, il recélait l'âme de Moïse,
d'Homère et de Pythagore... il unissait le courage des forts à la simplicité des enfants et la raison des sages à l'enthousiasme des poètes... ;
jamais je n'ai levé sur lui ma paupière sans éprouver un saint effroi,
jamais je ne l'ai entendu m'appeler à ses côtés avec ce langage ineffable
et mélodieux qui lui était familier sans me rappeler que le Dieu fait
homme aussi, aimait à s'entourer des malheureux de la terre... »

On voit le ton. A côté de Maurice Quay, Lucile Franque dont le
nom seul prononcé « purifiait les lèvres ». — « Avez-vous vu sur les
coupes des Grecs et sur les bas-reliefs d'Herculanum ces figures
sveltes et légères où tant de noblesse est alliée à tant de grâce et tant
de pureté à tant de volupté ? Vous êtes-vous arrêté pensif devant cette
image de sainte Cécile qui prête l'oreille aux chœurs célestes ? La
plaintive Malvina, touchant sur sa harpe des airs douloureux et
adressant un regard triste et plein de larmes au barde aveugle qui
n'en jouira pas vous a-t-elle jamais intéressé à ses malheurs ?... vous
connaissez presque Lucile ! »

Delécluze, très-peu lyrique à son ordinaire et de sa nature médiocre-
ment mystique, a mis beaucoup moins de points d'orgue dans sa biogra-
phie. Il raconte simplement que, sous le Consulat, un groupe d'élèves
de David osa hasarder « des critiques légères, puis plus graves » sur
les œuvres du maître, même sur le tableau des *Sabines*. Ils y trouvaient
bien « quelque intention de marcher dans la voie des Grecs », mais
rien de « simple, de grandiose, de *primitif* » enfin, car c'était là le grand
mot. Et David fut, — par ces Préraphaélites d'avant le *préraphaélisme*,
— déclaré « *Vanloo, Pompadour, rococo!* » Le chef des rebelles était
ce Maurice Quay, chanté par Nodier et surnommé Agamemnon. Il se
promenait par les rues, vêtu d'une grande tunique descendant jusqu'à
la cheville et d'un ample manteau qu'il portait avec une grâce et une
aisance souveraines. « On retrouvait dans cet homme du Mahomet et

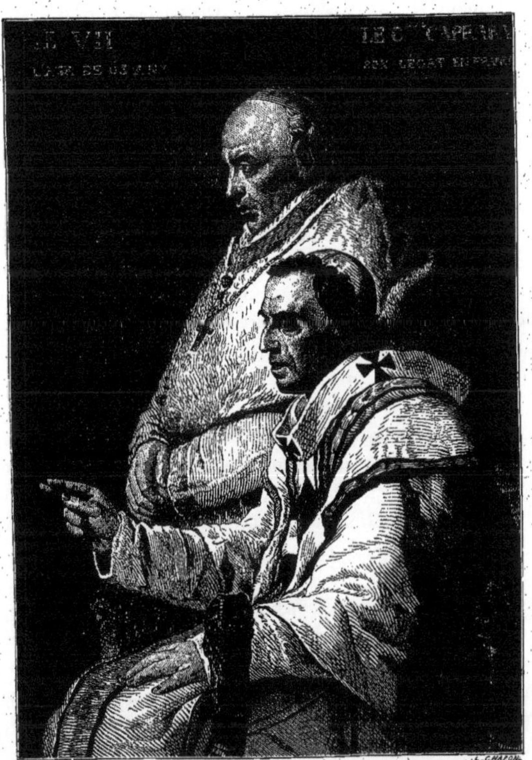

« PIE VII ET LE CARDINAL CAPRARA », PAR LOUIS DAVID.

(Étude pour le tableau, « le Sacre de Napoléon Ier », du Musée de Versailles.)

du Jésus-Christ (c'est le placide Delécluze qui parle); grand, les cheveux et la barbe noirs et touffus, son regard ardent et son expression tout à la fois passionnée et bienveillante avaient quelque chose qui attirait et imposait en même temps. »

Tout ce que Delécluze nous raconte de cet excentrique (et il faut lire ce chapitre des *Barbus de 1800*, infiniment curieux) nous donne en somme l'impression d'un esprit d'une grande culture et d'une rare distinction. Ses débuts comme peintre paraissaient pleins de promesses. « Si celui-là veut, il ira loin, disait David; il aime la nature et comprend bien l'antique. » En littérature comme en art, ses jugements étaient en avance sur son époque; tout ce qui était postérieur à Périclès en Grèce et à Raphaël en Italie, n'était à ses yeux que corruption et décadence; il ne trouvait de mérite vrai, solide, inattaquable, qu'à la Bible, aux poèmes d'Homère et... (pensez au temps) à Ossian. Il admirait Sophocle; mais Euripide lui paraissait *Vanloo!* Il disait avec l'accent du mépris : « C'est comme M. de Voltaire. »

Voilà, n'est-ce pas? une lecture merveilleusement préparée, pour le *Génie du Christianisme* et la littérature que M. de Chateaubriand allait inaugurer. Il est curieux de noter ce premier éveil et ce frisson précurseur de romantisme en pleine réaction classique. Girodet (Anne-Louis Girodet de Roucy-Trioson) (1767-1824) lui-même en fut atteint. Esprit très littéraire, poète à ses heures (médiocre poète il est vrai), il fut de ceux que la poésie ossianique touchait au cœur et, au grand scandale de son maître, il inclina de bonne heure vers un maniérisme sentimental, une sorte de romantisme académique dont les *Funérailles d'Atala* (1808) et l'*Ossian* révélèrent le danger.... Delécluze, historiographe abondant et précieux, a raconté comment, un jour qu'il était allé prendre David pour sa promenade quotidienne, celui-ci lui dit : « Girodet m'a averti que son *Ossian* était terminé; il m'a prié de l'aller voir; voulez-vous venir avec moi? » On monte, non sans peine (Girodet avait alors son atelier dans les combles du Louvre), et, après avoir frappé cinq à six fois, on finit par se faire ouvrir. « Ah! dit David, Girodet, c'est l'homme aux précautions.

Il est comme les lions, celui-là; il se cache pour faire ses petits[1]. »

Une fois arrivé devant le tableau, David, « debout et couvert »,

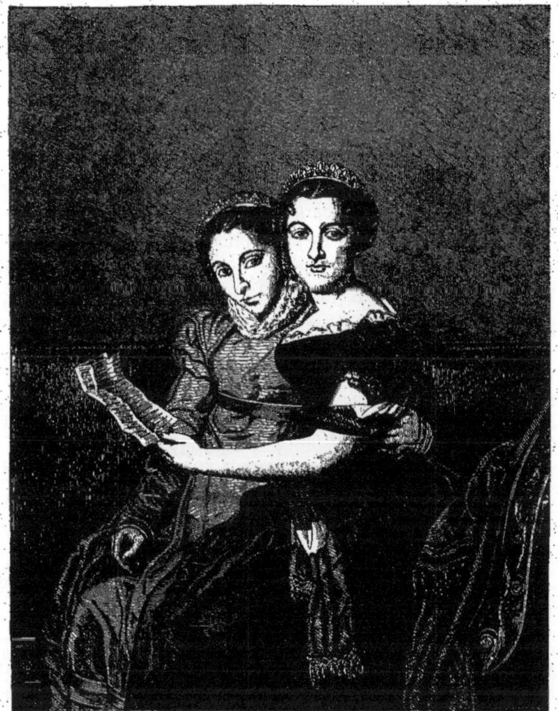

PORTRAIT DES FILLES DE JOSEPH BONAPARTE, PAR L. DAVID.

regarde longtemps avec la plus grande attention, en silence. Giro-

1. *Louis David, son école et son temps*, souvenirs par E.-F. Delécluze. — Édition de 1863, p. 265.

det, inquiet, puis presque irrité, se décide à provoquer un jugement et son maître de s'écrier, « avec l'accent de quelqu'un qui se résume » : « Ma foi, mon bon ami, il faut que je l'avoue; je ne me connais pas à cette peinture-là; non, mon cher Girodet, je ne m'y connais pas du tout! »

La visite finit brusquement et dans la cour du Louvre David continuait encore avec de grands gestes : « Ah çà! il est fou, Girodet! il est fou!... Quel dommage! avec son beau talent cet homme ne fera jamais que des folies... il n'a pas le sens commun!... »

Ce tableau d'*Ossian* était destiné à la Malmaison, que Girodet avec Gérard avait été chargé de décorer. Il fut généralement peu goûté, au Salon de l'an X, en dépit de l'enthousiasme de quelques élèves du peintre, et le critique du *Journal des Débats*, qui était pourtant de ses amis intimes et même de ses confidents, concluait, après avoir expliqué et défendu son œuvre : « Sans doute nos peintres comme nos artistes feront bien, s'ils ne veulent s'égarer, de renvoyer le barde de Morvan dans le brouillard d'où il est à peine sorti et de suivre le chantre d'Achille et celui de Lavinie du moins loin qu'ils pourront. »

Au même Salon, Gérard obtenait avec son *Bélisaire*, puis avec sa *Psyché*, son premier grand succès — qui devait transformer en rivalité, bientôt même en inimitié, l'amicale émulation qui l'avait d'abord uni à Girodet.

En dépit des critiques de David et des tendances « romantiques » que révélaient ses œuvres, il serait difficile de classer Girodet parmi les dissidents. L'*Endymion* et l'*Hippocrate refusant les présents d'Artaxercès* qui depuis 1793 avaient fondé sa réputation, avaient paru sans doute un peu « maniérés et affectés » à David : « Copions tout simplement la nature, avait-il dit à ses jeunes élèves; ne nous donnons pas tant de souci pour bien faire; Girodet est trop savant pour nous ! » C'était bien, cependant, avec quelques intentions littéraires en plus, des produits légitimes et directs de son école. Une *scène de Déluge* exposée en 1806 marqua avec les *Funérailles*

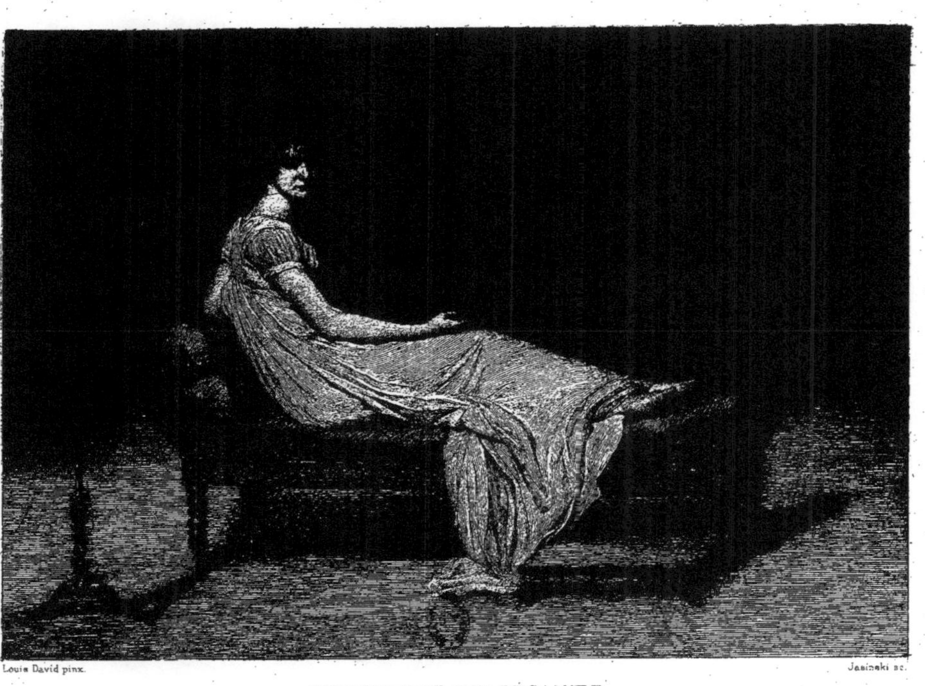

Louis David pinx.

Jasinski sc.

PORTRAIT DE Mme RÉCAMIER

(MUSÉE NATIONAL DU LOUVRE)

Les chefs d'œuvre — 8

Imp. Taneur, Paris.

d'Atala (1808) le point culminant de la carrière de Girodet. On y peut ajoûter deux tableaux commandés : *Napoléon recevant les clefs de Vienne* (1808) et la *Révolte du Caire* (1810). — Ce fut la *Scène de Déluge* qui, au concours décennal, obtint, contre les *Sabines*, la première médaille de la peinture d'histoire. Les critiques amis louaient le peintre d'avoir « créé son sujet et ses personnages »; on admirait, dans cette chaîne de mains enlacées et de corps enchaînés, surtout dans cette *idée* de la bourse que l'un des personnages serre encore, en ce péril suprême, d'une étreinte désespérée et essaie d'arracher à l'abîme qui va tout engloutir, « le fruit d'une imagination forte et ardente, une composition tout originale », enfin « l'art et la science du dessin portés au plus haut degré de perfection[1] ».

Girodet, de santé délicate, de complexion amoureuse, de condition fortunée, d'invention et d'exécution lentes (il s'enfermait pour travailler et ne montrait rien de ses essais répétés et souvent avortés) — partagé enfin entre la peinture et la poésie où l'avait entraîné son admiration pour l'abbé Delille ! — produisit peu. On sent chez lui de bonne heure la fatigue et l'épuisement ; une de ses dernières œuvres, *Pygmalion et Galatée* marque la pleine décadence de ce talent laborieux et maniéré. « En regardant les tableaux de Raphaël et de Véronèse, on est content de soi, disait David. Ces gens-là vous font croire que la peinture est un art facile; mais quand on voit ceux de Girodet, peindre paraît un métier de galérien. » Il mourut le 9 décembre 1824. Louis XVIII fit déposer sur son cercueil la croix d'officier; il fut enterré en grande pompe; l'École se crut décapitée et le fidèle Boutard, dans le *Journal des Débats* du 14 décembre, écrivait : « ... Pour moi, qui tant de fois...

1. C'est vraiment de l'enthousiasme que ce tableau excita à son apparition. Pour répondre à tant d'éloges et rassurer ses rivaux, Girodet écrivait (1er oct. 1806) au *Journal de l'Empire* : « Mon ambition se borne à désirer qu'un jour, après de nouveaux efforts, mon nom puisse ne pas déparer la liste des noms illustres dont s'honore aujourd'hui notre École et parmi lesquels je prise surtout le bonheur de pouvoir compter des maîtres pour moi pleins de bienveillance, et des camarades remplis d'amitié. »

ai décrit les tableaux du grand homme, expliqué les secrets de son génie, affermi les sentiments de ses admirateurs... j'éprouve dans une perte si grande... la consolation de voir du moins que ce jugement de la postérité dont si souvent j'ai soutenu les espérances et flatté les inquiétudes de mon ami, ne s'est pas fait attendre; qu'aucun intervalle d'oubli ne séparera sa vie de sa gloire, et que les promesses que je lui ai faites d'un nom immortel sont dès à présent garanties!... » Il ne faut pas trop se presser de déranger la gloire! Elle aime assez ne venir qu'à son heure...

François Gérard (1770-1837) ne fut, comme « peintre d'histoire », que l'émule de Girodet. *Psyché recevant le premier baiser de l'Amour* (1798), qui avait paru trois ans après le *Bélisaire portant son jeune guide*, qui reste pourtant son chef-d'œuvre en ce genre, est d'un style aussi froid que maniéré et ce n'est pas assurément dans les banales allégories de la *Bataille d'Austerlitz* (plafond pour la salle du Conseil d'État) (1810); ce n'est pas dans l'*Entrée d'Henri IV*, *Corinne au cap Misène*, *Louis XIV déclarant son petit-fils roi d'Espagne*, le *Sacre de Charles X*, enfin, dans *Daphnis et Chloé*, dont la fadeur est, on peut dire, irritante, qu'on trouverait de quoi défendre sa mémoire... Pour lui, comme pour tant d'autres, le portrait fut le salut. Il y excella sans conteste, au point même de provoquer la jalousie ou tout au moins la mauvaise humeur de David.

Mme Vigée-Lebrun, le peintre aimable des femmes du temps de Marie-Antoinette, dont elle a fait si joliment revivre en ses tableaux la simplicité affectée, les coiffures compliquées, les robes de linon, la sensibilité attendrie et les grâces un peu bêlantes, s'était exilée dès les premières journées de la Révolution. Quand elle rentra en France, vers 1810, elle ne fit plus guère que quelques portraits, sans prétendre retrouver la vogue de ses premières années. Elle appartient à l'ancien régime ; quoiqu'elle ne soit morte qu'en 1842, âgée de 87 ans, son œuvre pour nous finit en 1792. — Gérard prit la place que son départ avait laissée vacante.

Ses commencements avaient été difficiles : orphelin, sans res-

sources, pris par la conscription, sauvé grâce à David, — mais par un
remède pire que le mal : l'inscription sur les listes du jury du tribunal
révolutionnaire, — il dut, pour échapper à cette sanglante corvée sans
être accusé d'incivisme, feindre une grave maladie et renoncer à tout
travail. La misère était là. Un artiste secourable, le peintre Isabey, —
qui a laissé de si jolies miniatures et quelques dessins exquis, — vint

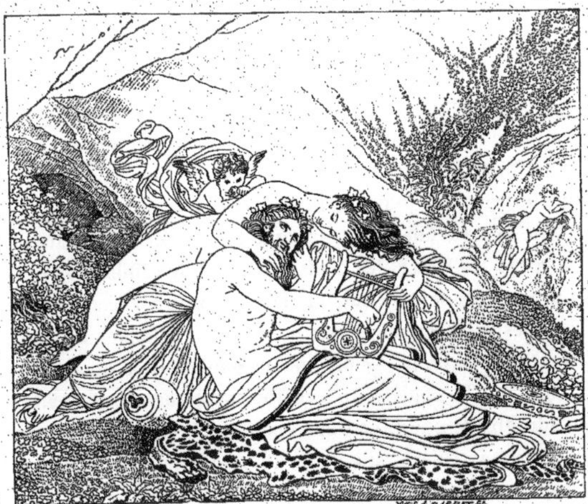

ANACRÉON CHANTANT VÉNUS, PAR GIRODET.

à son aide. Il lui acheta le *Bélisaire*, l'obligea même à recevoir le gain
réalisé sur la revente de ce tableau, et c'est en reconnaissance de cette
généreuse et délicate assistance que Gérard fit, en 1795, le portrait
en pied de son bienfaiteur et de sa fille. C'est une œuvre charmante ;
le peintre est debout, tête nue, en veste de velours noir, culotte verdâtre et bottes à revers ; il tient par la main sa fillette en robe et coiffe
blanches ; derrière lui, un palier d'escalier (celui de son atelier du
Louvre). Point d'affectation, de sécheresse ni de maniérisme, c'est

la vie même dans son intimité, finement observée et sentie. Le portrait de Mlle Brongniart n'est pas moins simple ni moins sincère et celui de Mme Régnault de Saint-Jean-d'Angély (1798) est bien près d'être un chef-d'œuvre, avec ses lèvres entr'ouvertes, son regard caressant et voilé, sa grâce exquise, faite de séduction timide et comme d'innocente coquetterie.

A partir de ce moment, Gérard devient le peintre de portraits en vogue. Les gens du monde, qui, la tourmente finie, se reprennent à vivre et rouvrent leurs salons, vont désormais lui demander de les peindre. Nul n'est plus habile, d'un tact plus délicat en l'art de comprendre et de flatter le secret désir de plaire de ses belles clientes. On l'appelle « le roi des peintres et le peintre des rois »... C'est à lui que Mme Récamier, mécontente du portrait que David avait commencé d'elle, vint un jour s'adresser. On sait comment il la peignit. A peine vêtue d'une longue tunique blanche et d'une écharpe tombante, la gorge, les bras et les pieds nus, la divine Juliette vient de s'asseoir, ou plutôt de se jeter sur un siège à coussin violacé, sous une de ces galeries à colonnade « qui ne mènent nulle part », vague décor de tragédie classique, — elle-même semblable à quelque princesse de tragédie. Un sourire un peu mélancolique de coquetterie résignée, d'adorable lassitude erre sur ses lèvres... A-t-elle eu à repousser quelque pressante déclaration d'un adorateur moins paisible que l'inoffensif Ballanche, moins « pacifié » que Montmorency ? Ces passions que sa beauté allume, que sa bonté apaise, que sa charité soigne et convertit doucement en amitié, se sont-elles un moment révoltées ? A-t-elle dû gronder ? On croit deviner un reproche à travers son bienveillant sourire, une nuance de découragement dans son confiant et caressant regard...

David ne pardonna jamais à Mme Récamier de lui avoir préféré son élève. Quand, le portrait de Gérard achevé, vers 1805, elle retourna chez lui pour lui demander de terminer l'œuvre interrompue : « Madame, lui répondit-il sèchement, les artistes comme les femmes ont leurs caprices. Souffrez que je garde votre portrait dans l'état où nous l'avons laissé. » Il voulait même le détruire mais, par bonheur, il ne mit pas ce projet à exécution. M. Lenormant acheta cette charmante ébauche, qui a conservé dans son inachevé une fleur de jeunesse et une tendresse de sourire; et c'est ainsi que le Louvre a pu s'en enrichir...

Après Mme Récamier, le général Moreau[1], Murat, le jeune duc

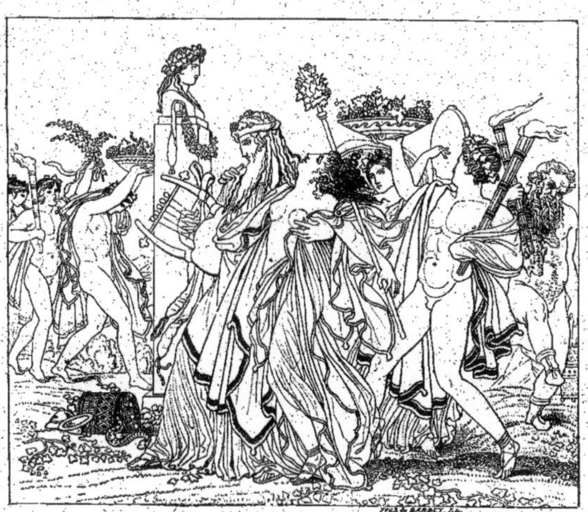

ANACRÉON ET LES VENDANGEURS, PAR GIRODET.

de Clèves, l'impératrice Joséphine, — après Mme Bonaparte ; le roi de Naples, — après Murat ; le prince de Bénévent, le duc de Montebello, Mme Tallien, Mme Visconti; — puis l'impératrice Marie-Louise avec le roi de Rome; — Louis XVIII, qui le nomma son premier peintre, Charles X, la duchesse de Berry, Mlle Georges;

1. Un critique du temps écrit à propos de ce portrait (Salon de l'an VIII) : « Le portrait d'un grand homme est la traduction d'un ouvrage profond dont il faut conserver l'esprit et embellir la lettre. » Gérard exposait au même salon le *portrait du citoyen C. R. lisant Cicéron*.

enfin le *Duc d'Orléans proclamé lieutenant général du Royaume*, viennent successivement poser devant Gérard. Les régimes et les rois, les constitutions et les chartes passaient; le baron Gérard restait le « roi des peintres et le peintre des rois ». Mais ces derniers portraits, très inférieurs aux premiers, trahissent une manière de plus en plus superficielle en même temps qu'un style de plus en plus guindé...

De tous les élèves de David, nul ne fut plus que Antoine-Jean Gros (1771-1835) respectueusement dévoué et docile à son maître; nul ne fit plus, sans le vouloir et le savoir, pour préparer et pour armer l'insurrection qui devait détrôner son école. Tandis que David, après le *Sacre*, — pour rester fidèle à l'*histoire* et au *style*, — renonçait à compléter la série des quatre grands tableaux commémoratifs qui lui avaient été commandés, Gros trouvait dans les spectacles de la guerre, dans la peinture des choses vues ses plus fortes inspirations et son plus grand plaisir.

Les aventures de sa jeunesse errante et besoigneuse l'ayant de bonne heure éloigné de Paris et de l'atelier du maître, il se rendit en Italie, grâce à la protection de David et de Regnault, et s'arrêta d'abord à Gênes. Il eut la bonne fortune d'y être présenté à Joséphine et, par elle, à Bonaparte, qui lui permit de faire son portrait, et qui l'attacha bientôt à son état-major avec le grade de lieutenant et plus tard d'inspecteur aux revues. Il put voir ainsi les batailles, — et quelles batailles!

Son âme et son génie s'exaltèrent au contact de cette vivante épopée; — il mit dans ses tableaux les frissons sacrés, l'émotion directe de l'histoire *vécue*. Il y mit aussi une liberté et une chaleur de pinceau, des audaces et des réussites de couleurs qui témoignent de l'influence qu'avaient exercée sur lui une autre rencontre mémorable et décisive qu'il avait faite à Gênes : celle de Rubens.

La vie dans sa réalité la plus tragique, le génie le plus lyrique de la peinture s'étaient ainsi du même coup offerts à ce jeune homme ardent, mal préparé, convaincu jusqu'à ce jour que la *Mort de Socrate*

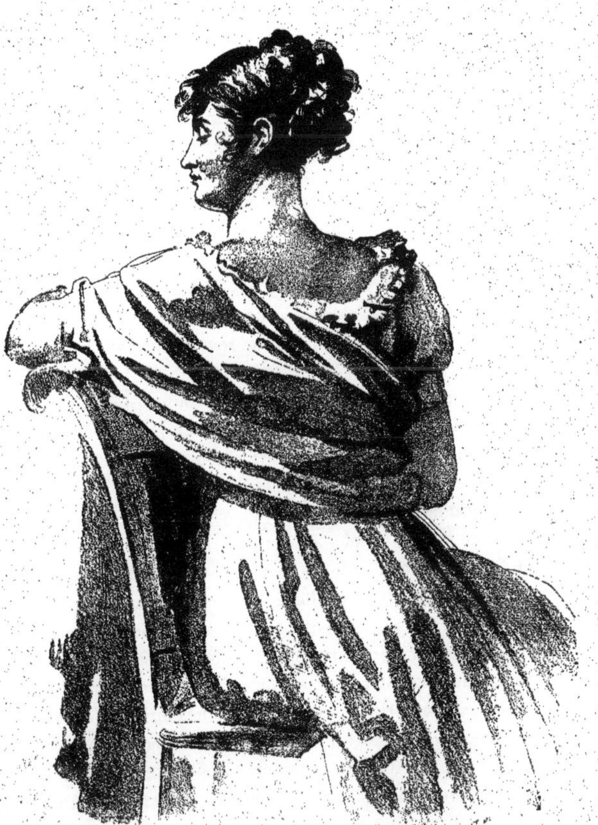

Fac-similé de la gravure de Gérard, d'après son propre dessin.)

et les *Horaces* étaient la plus haute expression de la vérité, de la nature et de l'art. Si quelqu'un s'était trouvé à cette heure pour lui dire : « Confie-toi à ton génie qui s'éveille, crois en l'appel de ton instinct et de ton cœur », nul doute qu'au lieu de deux ou trois chefs-d'œuvre, dont un seul peut-être est complet, et qui restent comme des surprises dans son œuvre, le peintre de *Bonaparte au pont d'Arcole*, de la *Peste de Jaffa*, du *Champ de bataille d'Eylau*, n'eût laissé à la postérité maints autres admirables ouvrages... Les jeunes artistes ne s'y trompèrent pas quand, au Salon de 1804, ils allèrent suspendre une couronne au cadre des *Pestiférés de Jaffa*. Ils saluaient dans ce général, à l'ardente pâleur, dans les malades aux yeux brûlés, aux chairs flétries, tournés vers lui, dans ce pittoresque décor de mer, de voiles et de drapeaux tricolores, la révélation, l'avènement d'un art nouveau.

On devine ce que Géricault dut éprouver quand, au Salon de 1808, il vit le *Champ de bataille d'Eylau*. Qui donc avait jamais peint encore rien de comparable à cette plaine de neige d'une désolation infinie, avec ses lignes mouvantes de troupes, ses ondulations qui sont des tombeaux de régiments ; au premier plan, ces entassements sinistres de morts, de blessés hurlants ; et au milieu de ces plaintes, de ces débris humains, de ce carnage, — livide, l'œil perdu sur l'horizon que des incendies de villages rougissent, le conquérant, le maître, l'Empereur dans sa redingote grise et son petit chapeau gris, à la tête de son état-major, impassible comme la destinée.

Mais David n'avait pas vu sans inquiétude son élève s'engager dans cette voie, consacrer son talent « à des sujets futiles, à des tableaux de circonstance, » qu'il jugeait contraires à la dignité du grand art. Ce n'est pas trop de dire qu'il harcela Gros de conseils et d'objurgations ; sa correspondance en est pleine : « L'immortalité compte vos années ; n'attirez pas ses reproches ; produisez du grand pour vous mettre à votre juste place. » — Une autre fois : « La postérité exige de vous de beaux *tableaux d'histoire ancienne*... » Et encore : « Le temps s'avance et nous vieillissons ; vite, vite, mon bon ami ; *feuil-*

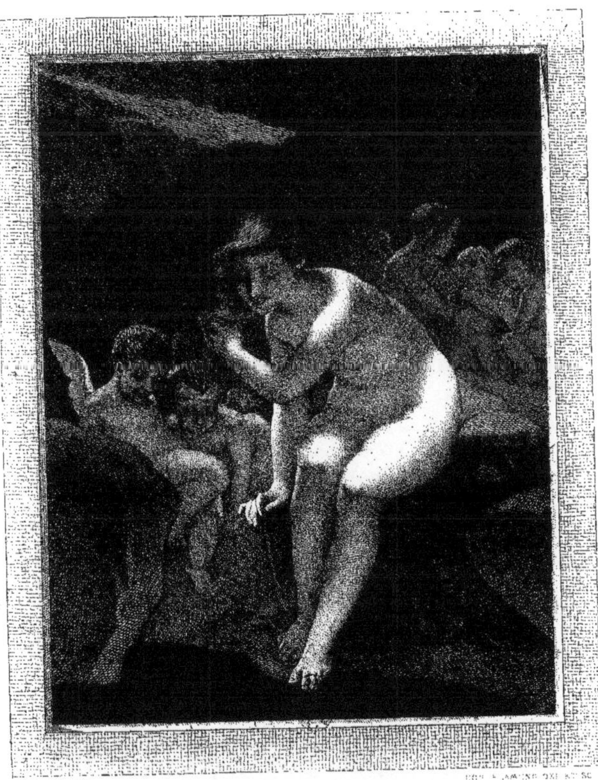

L'INNOCENCE

(MUSÉE NATIONAL DU LOUVRE)

Imp. Lancur, Paris

letez votre Plutarque et choisissez un sujet connu de tout le monde ! »

Gros adorait son maître ; il croyait en lui plus qu'en son propre génie ; il se reprochait comme des infidélités tout ce qu'il faisait sans son aveu. Ses critiques lui étaient un incessant remords et quand, en 1810, un jeune critique d'art, d'assez bel avenir, M. Guizot, tout en convenant d'ailleurs que « le genre de M. Gros est peut-être celui qui convient le mieux aux sujets nationaux », lui reprochait d'ouvrir la voie à une école qui, « habituée à rechercher la vérité sans y joindre la beauté comme condition nécessaire, tombera facilement dans une exagération hideuse », il baissait la tête, reprenait Plutarque et la mythologie des anciens, se faisait humble et, dans la sincérité de son cœur, repentant. Qu'on en juge !...

Le jour de l'enterrement de Girodet, « les membres de l'Institut et les plus habiles artistes » réunis dans la chambre mortuaire s'entretenaient de la « perte irréparable que faisait l'École dans un moment où elle avait besoin d'une main puissante qui la retînt sur la pente où elle était entraînée par l'École dite romantique ».

— Que ne le remplacez-vous, Gérard, dit quelqu'un et que ne vous levez-vous pour remettre l'École dans la bonne voie, puisque David est exilé !

— Je confesse que je ne m'en sens pas la force ; j'en suis incapable...

— Pour moi, s'écrie tout à coup Gros, dont les yeux étaient rougis et la voix altérée, non seulement je n'ai pas assez d'autorité pour diriger l'École, mais je dois m'accuser encore d'avoir été l'un des premiers à donner le mauvais exemple que l'on a suivi...

C'est un témoin véridique, c'est Delécluze qui nous a conservé le souvenir de cette scène navrante.

Et c'est ainsi que cet homme de génie lutta sa vie entière contre soi-même, ne fit ses chefs-d'œuvre qu'en contrebande, s'imposa comme pénitence des *Mars et Vénus*, des *Sapho*, des *Hercule et Diomède* lamentables et déconcertants à côté de *Jaffa* et d'*Eylau*...

Dans quelques portraits et tableaux modernes, on le retrouve. *Le*

Bonaparte au pont d'Arcole[1] est un chef-d'œuvre de passion ; le petit portrait équestre du Premier Consul avec sa tête pâle entre le chapeau noir et le col sombre est d'un ton superbe et d'un accent tragique ; — le lieutenant général comte Fournier Sarlovèze est, dans son outrance emphatique, un document curieux en même temps qu'une vigoureuse peinture. Le général vient de jeter à ses pieds, — on devine avec quel geste et quel juron ! — une sommation de l'ennemi ; il a la main gauche posée sur la hanche, le torse cambré, la tête rejetée en arrière, le sabre au clair ; toute son attitude est comme un « Dites-leur qu'ils y viennent ! » furieux. — Le général Lassalle est aussi de tournure héroïque ; mais on sent trop souvent l'enflure théâtrale, par exemple dans les portraits de *Jérôme Bonaparte, roi de Westphalie*, du *Maréchal Duroc*, de *Daru*, etc...

Toutes les fois qu'il se retrouvait en présence de l'histoire, de l'histoire vivante et en action, son génie se réveillait. Le *Louis XVIII quittant le palais des Tuileries dans la nuit du 20 mars 1815* est une œuvre admirable ; la hâte et le tragique de ce départ nocturne y sont exprimés de la manière la plus dramatique et la plus simplement émouvante. Gros a *vu* cet escalier plein de gens et de sourdes rumeurs, éclairé par les lueurs vacillantes et comme funéraires des flambeaux portés par deux laquais, l'effarement des uns, la douleur un peu déclamatoire des autres, et, au milieu de tous, ce roi obèse et hydropique, lourd sur ses jambes courtes et engorgées, s'efforçant de conserver encore dans sa disgrâce physique et sa détresse morale, une royale dignité... Par son importance deux fois historique, par tout ce qu'il annonce et par tout ce qu'il raconte ce tableau mériterait les honneurs du Louvre.

Mais la jeune critique et les générations montantes qui avaient vu Géricault et venaient d'acclamer Delacroix ne connurent pas ou

---

1. Boutard écrivait à propos de ce portrait : « Ce portrait du général Bonaparte, qui est d'ailleurs du petit nombre de ceux qui lui ressemblent, prouve peut-être que le citoyen Gros n'est pas très grand coloriste ; les chairs nous ont paru jaunes et peu animées ; les accessoires, l'écharpe surtout, d'un *pinceau sale*. » (Salon de l'an IX.) — En revanche, « Gérard, dans le *Bélisaire*, s'est montré grand coloriste. » (Salon de l'an X.)

oublièrent devant les *Hercule et Diomède* de la décadence le vrai génie du baron Gros. Ils ne pouvaient deviner le drame intime qui déchirait son cœur. Ils accueillirent par des railleries sans pitié les œuvres de sa vieillesse; on l'appela « un homme mort ». Alors,

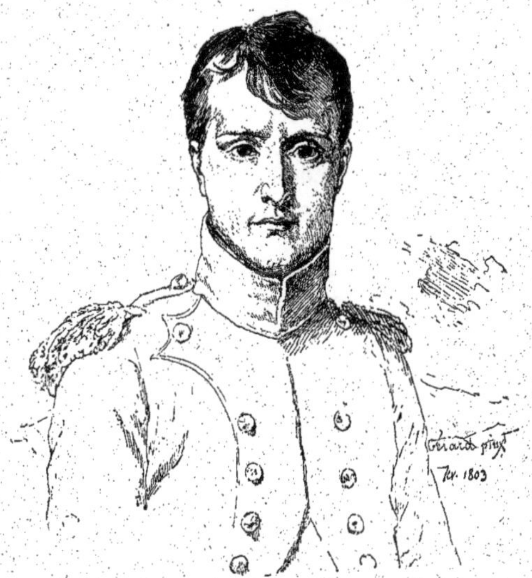

« BONAPARTE, PREMIER CONSUL », PAR GÉRARD.
(Croquis de F. Gaillard, d'après le tableau de Chantilly.)

le 25 juin 1835, il prit sa canne et son chapeau, sortit sans mot dire et alla se coucher, le ventre contre terre, dans un bras de la Seine, au bas Meudon, sous trois pieds d'eau, où un enfant pouvait passer à gué... Deux mariniers l'y découvrirent le lendemain matin et, comme il leur répugnait de toucher un noyé, ils tirèrent au sort pour décider qui le repêcherait!

Ses souffrances et son génie du moins ne furent pas stériles. On a retrouvé parmi les noms des jeunes gens qui, de 1816 à 1835, passèrent par son atelier, ceux de Charlet, Raffet, Paul Huet, Barye, et s'il ne fut pas le maître direct de Géricault, qui pourrait douter de l'influence qu'il exerça par ses œuvres, — ses véritables œuvres, — sur ce jeune homme ardent, réfléchi, vibrant déjà aux bruits nouveaux, aux appels confus et inquiets des générations grandies sur les ruines de la vieille France, au grondement lointain du canon de l'Empire?

Gros vécut assez longtemps pour voir mourir, en pleine jeunesse, Géricault (J.-L.-A.-Théodore) (1791-1824), en qui il eût pu reconnaître un fils spirituel. Il semble qu'à voir grandir ce jeune homme, il eût dû comprendre, lire enfin dans son propre cœur, reprendre confiance. Ce qu'il avait éprouvé lui-même, ce besoin de vie, de mouvement héroïque qu'il avait exprimé, ce nouveau venu, à son tour, le manifestait par des œuvres ardentes. Il disait, à sa manière, que les académies de l'École ne lui suffisaient plus, qu'il avait dans le cœur quelque chose à contenter, je ne sais quoi d'inassouvi à satisfaire que les *Clytemnestre*, les *Hippolyte* et les *Andromaque* de son maître Guérin ne comprendraient jamais; il trouvait à la nature et à la vie plus de beauté qu'aux bas-reliefs romains; — l'*Apollon du Belvédère* lui-même ne lui paraissait plus le suprême idéal — et quand il faisait, d'après des têtes de *Nègres* et de *Négresses*, ses vigoureuses études au crayon, le dernier de ses soucis était de les « ramener au profil d'Antinoüs ».

C'est une étrange ironie qui a réuni dans l'atelier du sage et froid Guérin quelques-uns des jeunes gens appelés à prendre au mouvement romantique la part la plus active : Delacroix, Géricault, Champmartin, Scheffer, etc. Sans doute, par rapport à David, Géricault n'est pas encore un révolté, mais c'est un affranchi; dès ses premières œuvres, il montre où il veut aller et que ce n'est pas dans le temple classique. Ce n'est pas dans l'atelier de Guérin qu'il a appris ce dessin large et ressenti, ce sens passionné de la nature vivante, cet amour des corps agissants, des belles formes remuantes. Il s'est formé lui-même; il s'attaque franchement à la réalité contemporaine; il en goûte avec une ardente sympathie les beautés et les drames.

Un jour, sur la route de Saint-Cloud, il rencontre une tapissière atte-
lée d'un cheval gris pommelé ; tout à coup la bête s'emballe, se cabre,
écume sous le soleil... Géricault s'arrête, prend en quelques coups de
crayon une esquisse, et s'en va rêvant à un tableau. Ce banal accident de
route, transformé dans son imagination, deviendra l'*Officier de chasseurs*

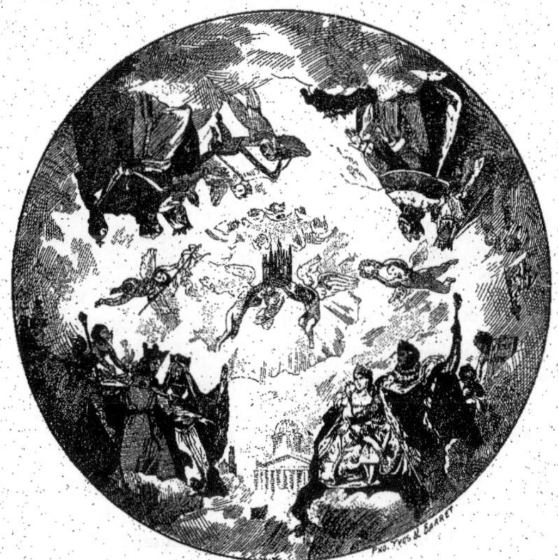

PREMIÈRE ESQUISSE DE GROS, POUR SA COUPOLE DE Sᵗᵉ-GENEVIÈVE.
(*Musée Carnavalet.*)

à cheval de la garde impériale chargeant... Son ami, M. Dieudonné,
lieutenant des guides de l'Empereur, consentit à poser la tête ; un
cheval de fiacre qu'on lui amenait tous les matins remettait au peintre
« du cheval dans l'œil » et le tableau, peint en quelques semaines dans
une arrière-boutique du boulevard Montmartre (sur l'emplacement
du passage Jouffroy), figurait au Salon de 1812.

Quand David vit ce cavalier, le sabre au clair, la pelisse flottante, gravissant au triple galop de sa monture à la croupe luisante, la pente abrupte d'un terrain rocailleux, commandant du geste et de la voix un escadron indiqué au second plan, il s'écria : « D'où cela sort-il ! Je ne reconnais pas cette touche. » Quant à Guérin, un peu effrayé de voir éclore ce talent imprévu dans la température refrigérante de son atelier, il n'avait pas attendu ce moment pour mettre en garde son élève contre ses tendances et ses goûts. « Votre coloris n'est pas vrai ; vos académies ressemblent à la nature comme une boîte à violon ressemble à un violon. » Mais Géricault regardait déjà au dehors ; un grand peintre, Rubens, l'avait surtout passionné et comme le Louvre abritait, à ce moment-là, tous les chefs-d'œuvre rapportés de l'étranger par nos armées victorieuses il s'était mis à copier la *Descente de croix*.

Il avait toujours eu un goût très vif pour les chevaux. Déjà, au Lycée, il était noté comme « excellent écuyer » et son plus grand bonheur était les représentations du cirque Olympique. « Rubens et Franconi étaient ses deux grands hommes. » Sur la route de Versailles, il aimait à suivre les attelages de course ; — il s'échappait le plus souvent possible pour chevaucher à travers la campagne, « montant de préférence les chevaux entiers et choisissant toujours les plus fougueux », écrit un de ses condisciples. Il étudia toujours le cheval avec une prédilection passionnée et c'est de là que sortit, entre tant d'autres, cette belle étude, divisée en bandes horizontales, célèbre sous le nom de *Croupes*. Pour la vigueur et l'éclat, elle compte parmi ses chefs-d'œuvre.

Au Salon de 1814, il exposait son *Cuirassier blessé ;* — ébauche plus que tableau, mais d'un grand sentiment, d'un souffle puissant et d'un accent tragique, — où l'on sent passer la défaite. — La touche « lourde et heurtée » scandalisa les critiques orthodoxes. Bientôt après, à la suite d'un engagement de quelques mois dans « les mousquetaires » du roi, il partit pour l'Italie. A Florence Michel-Ange l'arrête et le subjugue ; il copie les statues du tombeau des Médicis, voit les

musées, va dans le monde, — puis poursuit son voyage, arrive à
Rome et d'abord retourne à Michel-Ange. Il « tremble » devant le
grand solitaire de la Sixtine; il entreprend une copie du *Jugement
dernier;* — puis de la *Pieta* de Raphaël au palais Borghèse, et,
dans la *Bataille de Constantin*, d'un « cheval qui se cabre ». Entre
temps, il ébauche quelques projets de tableau; mais une mélancolie

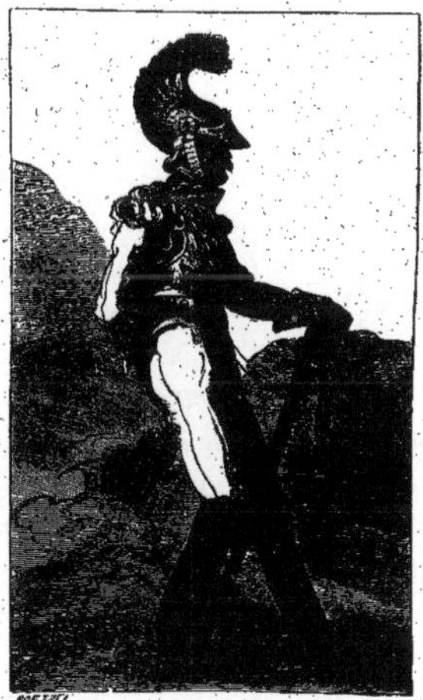

CARABINIER,
AQUARELLE DE GÉRICAULT.

profonde, — quelquefois endormie au fond de son cœur inquiet mais
jamais chassée, — le prend et il rentre à Paris.

Il rapportait dans ses cartons quelques esquisses de chefs-d'œuvre.
Plus que les ruines antiques, la fête des *Barbari* sur la place *del Popolo*
et le *Corso*, avec ses bandes de chevaux lancés en liberté, emportés dans
un tourbillon au milieu des clameurs et des bravos de la foule, l'avait
impressionné. Il en fit sur place plusieurs esquisses, successivement

reprises, et qui devaient aboutir, dans sa pensée, à un grand tableau sur une toile de trente pieds : la *Course des chevaux libres*. Il en commença l'exécution; mais ce fragment ébauché a été perdu ou détruit. Tout ce qu'il en reste, ce sont d'admirables dessins ou études peintes de chevaux cabrés, bondissant ou maintenus à grand'peine par de vigoureux paysans (Musée de Rouen, collection Marcille, etc.).

Homme terrassant un bœuf, *Nègre et négresse*, *Marché aux bœufs*, *Nègre sur un cheval cabré*, *Silène sur un âne*, puissantes compositions à la pierre noire ou dessins à la plume, sont de la même époque ; partout ce sont les spectacles animés, les formes en mouvement qui l'attirent, l'émeuvent, le persuadent de les peindre.

De retour à Paris, il s'adonna avec une prédilection croissante aux études d'animaux : *Lions accroupis autour de débris et d'ossements*, — les *Deux tigres*, — le *Lion debout*, le *Tigre couché*, — et il fut des premiers à utiliser le procédé nouveau de gravure sur pierre dont la jeune école devait faire un si brillant usage : les planches du *Factionnaire suisse*, du *Trompette de lanciers*, du *Mameluck défendant contre un Cosaque un trompette blessé* sont de 1818.

C'est alors que les survivants d'un grand désastre maritime, MM. Corréard et Savigny, ayant publié le récit de leur naufrage, Géricault, l'imagination ébranlée par les détails de ce drame, conçut le projet du grand tableau qui a fait aux yeux du grand public, le plus solide fondement de sa gloire : le *Naufrage de la Méduse*. Il en essaya successivement plusieurs esquisses, où sont représentés divers moments du drame; — il employa plusieurs mois à accumuler les études préliminaires et les documents de toutes sortes; il se lia avec les deux survivants, auteurs du récit qui avait passionné l'opinion publique; il retrouva le charpentier de la *Méduse* qui lui confectionna un petit modèle du radeau historique; il y disposa les maquettes de cire des naufragés qu'il avait modelées lui-même; — il passa enfin de longues journées à l'hôpital Baujon pour étudier, d'après nature, les ravages de la douleur physique, l'angoisse de la mort sur la figure humaine. Les internes lui avaient promis des cadavres et des membres

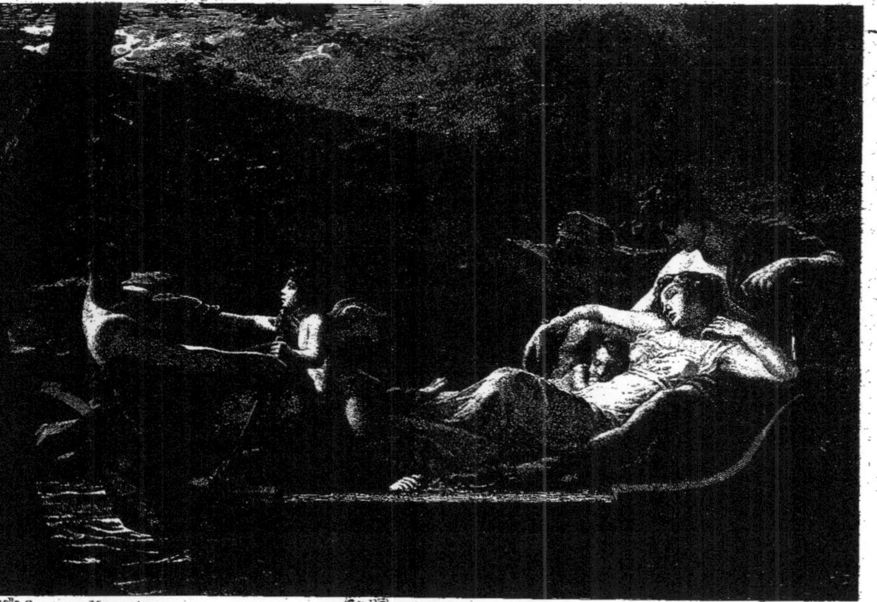

Melle Constance Mayer. pinx.
Goinean. sc.
LE RÊVE DE BONHEUR.
(MUSÉE NATIONAL DU LOUVRE)
Les chefs-d'œuvre... 13
Imp. Tabeur, Paris.

amputés. « Pendant quelques mois, dit M. Charles Clément, son biographe, son atelier fut une manière de morgue [1]. » Un de ses amis, M. Lebrun, raconte qu'après une longue maladie de jaunisse, il entra un jour dans l'atelier du peintre : « Ah ! que vous êtes beau ! mon ami », s'écria celui-ci en voyant sa mine défaite èt comme décomposée... et pour l'étudier mieux à loisir, il alla s'établir près de lui à Sèvres. Cet ami ne fut pas le seul mis à contribution : MM. Corréard et Savigny posèrent l'un pour le personnage qui tend les bras vers l'*Argus*, l'autre pour celui placé au pied du mât, Eugène Delacroix pour l'homme affaissé, les bras pendants, la tête appuyée au radeau ; MM. Jamar, Vacher, etc., pour les autres figures.

L'œuvre peinte dans le foyer du théâtre Favart, fut exposée le 25 août 1819 au Salon... et le succès en fut médiocre. Elle est trop connue pour que nous ayons à la décrire ici. La puissance dramatique en est grande ; les morceaux vigoureux y abondent. Mais la prédominance des ombres et l'abus du bitume, — qui allait bientôt devenir, pour une partie de l'École romantique, la couleur même de l'idéal ! — en compromettent aujourd'hui, aux yeux des générations nouvelles, éprises de peinture claire, la réelle beauté. Pour la grandeur du dessin libre et large, procédant par grandes masses, pour la force pathétique et la vigueur de la composition, c'est une œuvre capitale ; — elle marque dans l'histoire de la peinture française une date et le commencement d'une évolution. — Avec elle, le drame, la vie morale, le pathétique humain étaient de nouveau rentrés dans l'art, et si par la suite cette tendance aboutit quelquefois à la peinture mélodramatique et littéraire, ce n'en était pas moins un service signalé que de ramener aux sources de l'émotion et de la vie, l'École attardée et figée dans les formules stériles de l'académisme officiel.

Géricault pensait à une *Traite des nègres*, quand il fit en Angleterre un voyage qui devait avoir sur l'art contemporain une grande

---

1. *Géricault. Étude biographique et critique avec catalogue raisonné*, par CHARLES CLÉMENT. (2e éd., Paris, Didier et Cie, 1858.)

influence. C'est lui, en effet, qui contribua à attirer à Paris et à y faire connaître les grands paysagistes anglais, dont les tableaux avec ceux des maîtres hollandais contribuèrent à nous révéler le profond sentiment et la beauté de la nature *inanimée*, dédaignée par l'École de David et d'où tant de chefs-d'œuvre allaient bientôt sortir [1].

Si la vie ne lui eût pas manqué, une grande place et un grand rôle étaient réservés à Géricault dans la révolution qui se préparait... Il s'alita au mois de février 1823, et sa longue agonie commença. Elle dura onze mois, pendant lesquels, torturé d'atroces souffrances, il donna sans une défaillance le plus grand exemple de force d'âme et de possession de soi-même. Les pensées qui l'occupaient étaient celles des œuvres interrompues ou projetées : la *Traite des nègres*, la *Reddition de Parga*. « Je ferai aussi, disait-il, un tableau de chevaux grand comme nature et un de femmes, mais des femmes ! des femmes !... » Il ne devait plus rien faire : la mort stupide l'avait pris. Il mourut le 26 janvier 1824, à l'âge de trente-trois ans, sans avoir pu réaliser ni même achever tout son rêve.

L'année d'avant, le 16 février, s'était éteint dans la solitude, entre les bras d'un ami, un grand peintre, dont les contemporains ne surent pas assez apprécier le génie, Pierre Prud'hon (1758-1823). Né le treizième enfant d'un pauvre maçon de Cluny, élevé par le soin d'un curé charitable et de l'abbaye, protégé par un amateur clairvoyant, M. de Joursanvault, Prud'hon, — après des études sous un maître excellent, François Devosges, directeur de l'école de Dijon (une de ces écoles provinciales alors encore si vivantes et qui étaient pour l'art français de fertiles pépinières) — obtint de venir à Paris; il y passa d'abord trois ans (1780-1783). Il s'était marié jeune, et mal marié; la pauvreté qui devait être l'hôtesse assidue de son triste foyer vint l'y visiter de bonne heure et son cœur, d'une sensibilité précoce, « se livrant facilement à l'amitié, sans défiance de ceux qu'il aime », écrivait son protecteur à Wille, en le priant de s'intéresser aux débuts

---

1. On n'a pas à traiter ici de l'histoire du paysage moderne qui doit trouver place dans une autre partie de cette publication.

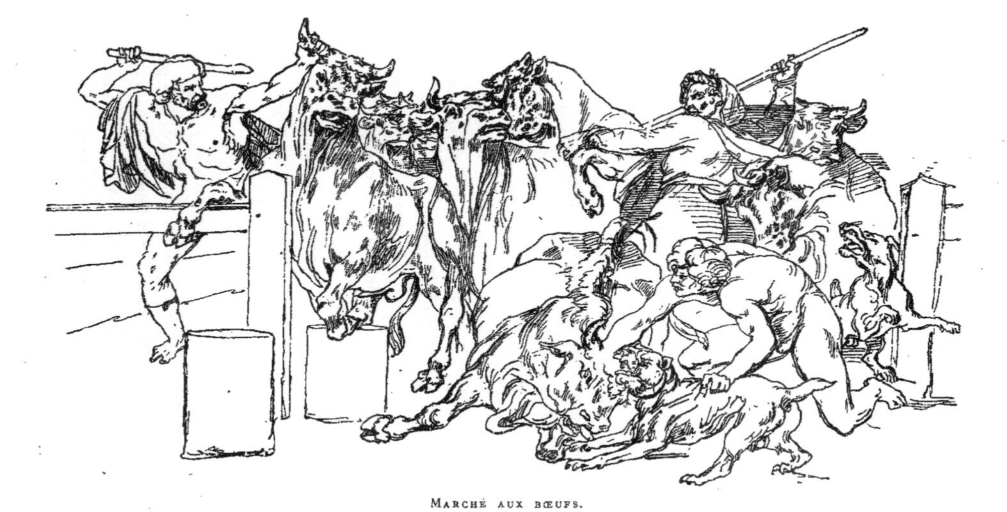

Marché aux bœufs.

(Fac-similé d'un dessin de Géricault.)

du jeune artiste, son cœur naturellement inquiet et soucieux, offrit à la douleur, qui ne lui fut pas ménagée, une proie trop facile.

De retour à Dijon, il se prépare pour le prix de Rome où il arrivait en 1785 avec le titre de peintre pensionnaire des états de Bourgogne. Au contraire de tous les pensionnaires d'alors, il ne se jeta pas tête baissée dans le courant artificiel de l'archéologie et de l'eshétique nouvelle. Sans doute, il goûtait l'antique et le comprenait, — mieux que David assurément, — et il devait même lui arriver, comme à tous ses contemporains, de sacrifier quelquefois au formalisme de l'École; — mais s'il s'était imposé de « dessiner d'après l'antique pour peindre de belles formes » et d'apprendre l'anatomie « pour en connaître la précision », il ne voulut jamais négliger l'étude « d'après nature, *pour en saisir les finesses* », surtout il ne crut pas devoir fermer les yeux à tout ce qui n'était pas l'antique. Après Rome, il voulut visiter le nord de l'Italie, voir Florence, Parme et Milan. Plus que Raphaël, plus que Michel-Ange, Corrège et Léonard s'emparèrent de lui. Léonard, « son maître et son héros, l'inimitable, le père, le prince, le premier de tous les peintres, qui a surpassé bien au delà Raphaël dans la pensée, la justesse de la réflexion et du sentiment... », écrivait-il à son ami Fauconnier, à son maître et à ses protecteurs.

Un sûr instinct le guide; il croit à la grâce, au sourire, à la tendresse; il veut rester en dehors de toutes les coteries, de toutes les écoles. Il trouve « qu'on s'occupe trop de ce qui fait le tableau et pas assez de ce qui donne l'âme et l'énergie à ce qu'il doit représenter ». Il veut que dans une peinture, il règne « un ton doux et tranquille qui plaise au spectateur sans l'éblouir, et laisse l'âme jouir de tout ce qui l'affecte ». Dès ses premiers dessins, on peut voir qu'il obéit à un intime idéal où l'esthétique régnante n'a rien à faire et que ce rêveur solitaire prendra parmi les artistes du temps, une place qui n'appartiendra qu'à lui. Il ne rapportait d'Italie, — avec une malencontreuse copie de Pietro da Cortone qu'il avait dû exécuter pour obéir aux états de Bourgogne, — que quelques croquis et dessins et deux cahiers remplis de figures de femmes légèrement indiquées avec

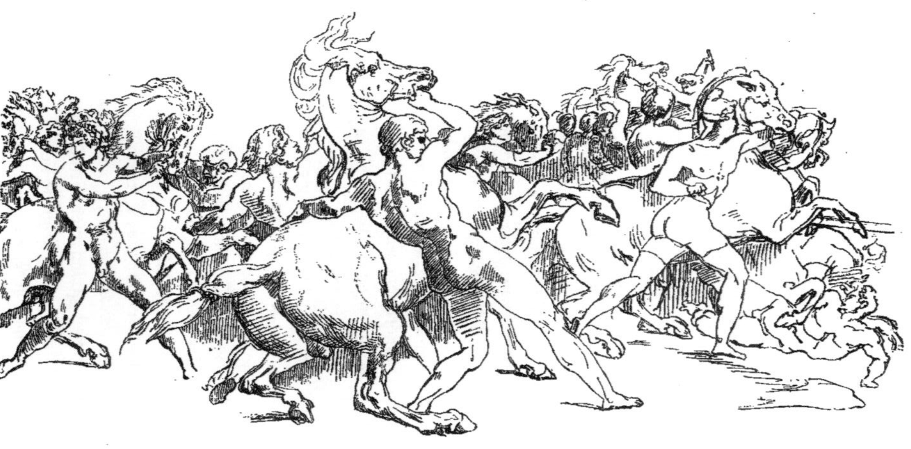

Course de chevaux libres.

(Fac-similé d'un dessin de Géricault.)

les *titres* (pas même les esquisses) de plusieurs compositions qu'il exécuta par la suite : *l'Amour réduit à la raison, Joseph et la femme de Putiphar, l'Amour et Psyché, l'Amour séduit l'Innocence, le Plaisir l'entraîne et bien souvent le Repentir le suit, Junon, Minerve et Hercule,* etc., etc... En 1791, il exposait au Salon un seul dessin, à la pierre noire : *Jeune homme portant un flambeau appuyé sur le dieu Terme,* — et il recevait de quelques amateurs, un petit nombre de commandes qui lui permettaient à grand'peine de vivre; *Cérès, l'Amour réduit à la raison,* le *Cruel rit des pleurs qu'il fait verser,* dont son ami Copia fit la gravure.

En 1793, il expose un tableau en grisaille, l'*Union de l'Amour et de l'Amitié,* — assurément très inférieur à ses dessins, — et l'esquisse d'une composition qu'il devait plus d'une fois reprendre par la suite, *Andromaque embrassant Astyanax,* admirable peinture, chaude de ton, hardie et harmonieuse, tendre et passionnée, un de ces morceaux exquis et puissants où l'on peut apprendre à connaître son génie de grand peintre et même deviner son cœur d'homme.

Ce que lui rapportaient ces chefs-d'œuvre ne suffisait pas à nourrir sa famille déjà nombreuse. Il n'avait à espérer aucun appui de la part de David et de ses élèves, — aux yeux de qui il passait pour un hérétique; — il dut solliciter les plus humbles travaux, et dans sa mansarde de la rue Cadet, que l'humeur maussade et acariâtre de sa femme et les pleurs de ses enfants mal nourris remplissaient de trouble et de désordre, il composa une série d'*en-têtes* pour les papiers administratifs, destinés aux ministères, à la préfecture de la Seine, au département de la Seine-Inférieure, aux brevets d'invention, etc., plus tard au « Sénat conservateur »; il travailla aussi pour des confiseurs. Dans ces humbles travaux, les chefs-d'œuvre abondent.

La vie lui devint quand même trop dure; il dut chercher asile dans un petit village de la Franche-Comté où il avait des parents; c'est là qu'il travailla à la série de ces charmantes illustrations pour les *Amours pastorales de Daphnis et Chloé* que l'imprimeur Didot devait éditer. Quand il revint à Paris (1797) David et Girodet lui firent

froid accueil. Greuze seul le reçut avec bienveillance; mais sans
lui laisser d'ailleurs aucune illusion. « De la famille et du talent,
lui dit-il. C'est plus qu'il n'en faut pour mourir à la peine!... Voyez
mes manchettes... » et il lui montrait ses dentelles déchirées[1].
Le vieux maître ajoutait d'ailleurs : « Celui-ci ira plus loin que moi;
il enfourchera les deux siècles avec des bottes de sept lieues. »

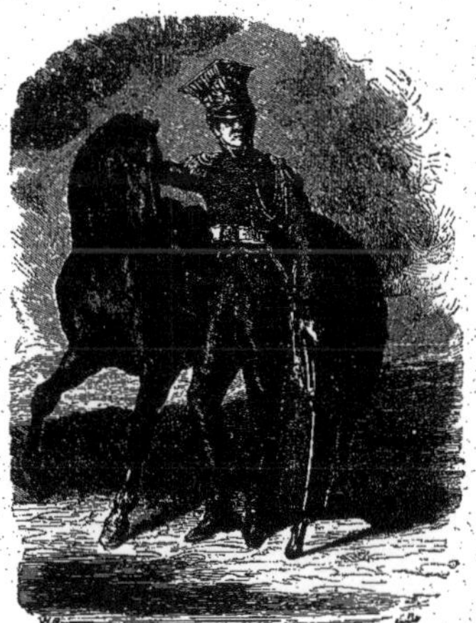

« LE LANCIER ROUGE », PAR GÉRICAULT.

Ce jugement était la vérité même. Prud'hon, que les esthéticiens
classiques malmenaient volontiers et qu'ils aimaient à menacer du
souvenir de « Boucher de ridicule mémoire », Prud'hon semble
avoir été suscité pour ménager la transition entre le xviiie siècle et la
peinture moderne. Il a hérité de l'un le sentiment et la recherche
de la grâce; il conserve la tradition des petits amours joufflus, mais

1. CHARLES CLÉMENT, *Prud'hon*, un vol. in-8. Paris, Didier, 1868.

il a déjà toute la mélancolie de l'âge nouveau; jusque dans son sourire une intime tristesse se mêle, reflet de la dure et récente expérience. Il sait trop que la vie n'est pas une fête et un amusement sans fin; il a vu les tragiques lendemains des départs pour l'*île enchantée* et comment ont sombré dans une mer de sang les barques pavoisées qui, des amours au gouvernail et des guirlandes de fleurs dans la mature, appareillaient tantôt pour Cythère. Quand il évoque ses chères visions, c'est comme des consolatrices; on dirait qu'il essaie d'oublier avec elles et ses douleurs intimes et les malheurs du temps; son crayon léger les fait apparaître, comme à travers un brouillard transparent, sur la feuille de papier gris bleuté et les enserre tendrement dans ses flottants contours... Et comme on ne saurait emprisonner dans le dessin-cloison de David ces apparitions fugitives, ces formes délicates et tendres, Prud'hon, qui déclarait à son ami Voïart : « Je ne puis ni ne veux voir par les yeux des autres, leurs lunettes ne me vont point; j'observe la nature et je tâche de l'imiter dans ses effets les plus attrayants », Prud'hon, sans penser à mal, se fait un dessin à son usage : moins agité que les improvisations soufflées et mousseuses de Frago, d'accent plus ferme, mais caressant les formes au lieu de les étreindre, se dérobant parfois comme en de voluptueux silences, conduisant ou abandonnant tour à tour le contour extérieur, attentif aux jeux de la lumière sur les rondeurs fondantes et les souplesses du modelé... Parfois son crayon semble suivre le vol errant de sa rêverie; il enlace dans un embrassement aérien l'*Innocence et l'Amour;* dans ses *illustrations* pour l'*Art d'aimer* ou *Daphnis et Chloé,* il marie, avec une délicatesse adorable, les larges accents de la plume aux légèretés du crayon blanc, et quelques traits qui vont se perdant lui suffisent pour fixer la grâce tout entière, même pour exprimer la passion, sans presque rien conserver d'un geste que l'exquis. Tour à tour précis et vaporeux, souriant ou pathétique, soit qu'il s'inspire de quelques bas-reliefs, de la nature vivante ou de sa fantaisie, il met, dans ses moindres ébauches, le charme d'une émotion intime et d'un sentiment personnel. Jusque

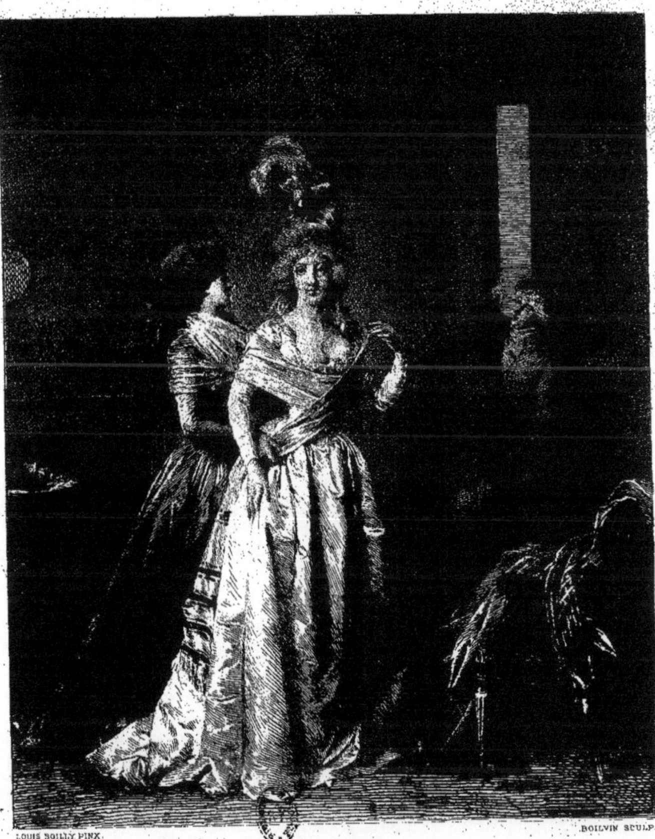

LA TOILETTE.

(MUSÉE NATIONAL DU LOUVRE.)

dans ces *en-têtes* de papiers administratifs, « sa grâce est la plus forte »... *Minerve unit la Loi avec la Liberté qui appelle à cette union la Nature avec tous ses droits :* voilà un titre bien rébarbatif. Ne craignez rien; approchez tout de même, c'est proprement un charme; vous vous attendiez à trouver Robespierre et David : c'est Corrège et André Chénier; c'est Prud'hon!

Ces dessins suffiraient à le faire connaître : il y a mis toutes les nuances les plus subtiles, toutes les intentions les plus charmantes, tout l'intime idéal et l'exquise sensibilité de son gracieux génie. Sur ses tableaux peints, le temps a agi d'une manière souvent fâcheuse. Comme il employait beaucoup de bitume et des mélanges d'huile, de cire, des mastics de sa façon, les dessous ont çà et là reparu sous les glacis par lesquels il donnait à la peinture achevée le moelleux et le fondu; les ombres ont noirci; des craquelures se sont produites... C'est au Salon de 1799 qu'il exposa sa première grande peinture, la *Sagesse ramenant la Vérité sur la terre*, au grand scandale des élèves de David qui trouvaient fort mauvais que ce « dessinateur d'images » osât prétendre à la « peinture d'histoire ». L'ouvrage pourtant eut assez de succès pour que le fournisseur aux armées, Lanois, alors propriétaire de l'hôtel Saint-Julien, rue Cerutti (aujourd'hui hôtel Rothschild, rue Laffite), confiât à l'auteur la décoration de son salon. C'était pour Prud'hon une belle occasion de se produire. Il figura, en allégories conformes au goût du temps mais où il mettait la séduction de son sourire et le sentiment le plus délicatement voluptueux de la grâce féminine, la *Richesse*, les *Arts*, le *Plaisirs* et la *Philosophie* avec le *Matin*, le *Soir*, le *Midi* et la *Nuit*. Ces panneaux ont été malheureusement déplacés pour la plupart. C'est pour le même amateur que Prud'hon composa les dessins de quatre frises représentant les *Saisons*.

Le *Triomphe de Bonaparte* ou la *Paix*, les plafonds du Louvre, *Diane prie Jupiter de ne pas l'assujettir aux lois de l'hymen* (salle grecque et médaillons de la salle des Antonins), *Minerve conduisant le Génie des arts à l'immortalité*, achevèrent, malgré la malveillance de l'*École*, de lui assurer des travaux et du crédit. C'est à lui que Bonaparte commanda le portrait de Joséphine, œuvre de tous points délicieuse. Il l'a représentée dans le parc de Malmaison, assise et comme repliée dans une rêveuse indolence. Le modelé d'une morbidesse adorable, l'ombre errante des sombres ramures qui la caressent, la langueur abandonnée de tout l'être, je ne sais quel mélange de grâce créole et de moderne mélancolie montrent ici Prud'hon, grand peintre de la femme, unissant en un indéfinissable alliage la sensualité et la timidité, la tendresse et la passion.

Le portrait de Mme Copia, la femme du graveur son ami, avec la double caresse de ses yeux veloutés et de son charmant sourire, est plus qu'une peinture moelleuse, enveloppée, suave, c'est le portrait d'une âme; celui de Mme Jarre, l'ébauche d'une princesse de la famille Bonaparte, ne sont pas inférieurs; — celui de Mlle Mayer, — de cette amie dont la tendresse passionnée venait de remplacer dans son foyer déserté la femme qui avait empoisonné les plus belles années de sa vie, et dont le nom et la mort resteront éternellement attachés à sa mémoire, — a le charme et l'émotion d'une confidence amoureuse.

Les portraits d'hommes le laissèrent plus souvent indifférent; mais il y a mis aussi quelquefois, par exemple dans celui du comte de Sòmariva, avec la chaude harmonie d'une couleur riche et profonde, un au-delà de rêverie mélancolique.

Il paraît avoir joui de la faveur de Napoléon. A l'occasion du sacre, plus tard à la paix de Tilsitt, il est chargé de composer des décorations de circonstances; il peint, sur commande, l'*Entrevue de l'Empereur et de François II après la bataille d'Austerlitz*; au moment du mariage de l'Empereur avec Marie-Louise, il est chargé de la décoration des fêtes données par la ville; il compose les dessins et dirige l'exécution de la toilette que la municipalité veut offrir à la nouvelle impératrice, et il célèbre les noces dans une composition allégorique dont l'esquisse est un ravissant morceau. A la naissance du Roi de Rome, dont il fera plusieurs portraits, c'est lui qui donnera le

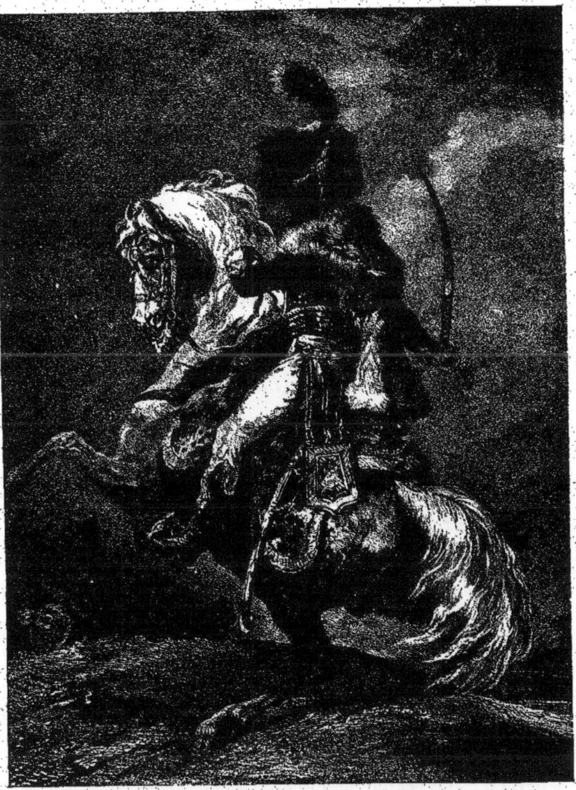

« L'Officier de chasseurs », par Géricault.

(Fac-similé de la lithographie de Le Roux, d'après la variante du Louvre.)

dessin du berceau. Toutes les qualités qui ont fait de lui un grand artiste trouvent naturellement leur emploi dans ces travaux d'un autre ordre, et de tous les maîtres ornemanistes Prud'hon reste encore le plus charmant, le plus délicatement original et inventif, le plus puissant dans la grâce. — Il devait être enfin nommé professeur de dessin de Marie-Louise. Sans doute ces fonctions furent pour le maître peu intéressantes et même humiliantes, par suite de l'apathie de son impériale élève (Elle arrivait à la leçon avec un bâillement : « Monsieur Prud'hon, j'ai bien sommeil! — Eh bien! dormez, Madame! » et, dans son habit de cour, il passait l'heure réglementaire à se promener de long en large devant la somnolente impératrice...) Le choix qui fut fait de lui n'en est pas moins une preuve de sa faveur.

C'est entre ces années 1808 et 1814, fécondes entre toutes, qu'il fit quelques-uns de ses plus beaux tableaux : la *Justice et la vengeance divine, poursuivant le crime* (1808), l'*Enlèvement de Psyché par les amours* (1808), *Vénus et Adonis* (1812), le *Zéphyr qui se balance* (1814), les portraits du Roi de Rome. — On a souvent raconté, d'après Charles Clément, comment lui fut inspiré par son ami Frochot, préfet de la Seine, le tableau de la *Justice divine*, dont les premiers projets datent de 1804, — et qui était destiné à la salle du Tribunal criminel au Palais de Justice. Il en fit d'abord deux admirables dessins, où l'on voit la Némésis vengeresse traînant, poussant plutôt le coupable devant le tribunal où siège l'impassible Thétis. Pour le tableau définitif, il s'arrête à un parti différent qu'il a décrit lui-même, comme il suit : « Couvert des voiles de la nuit, dans un lieu écarté et sauvage, le crime cupide égorge une victime, s'empare de son or et regarde encore si un reste de vie ne servirait pas à déceler son forfait. L'insensé! il ne voit pas que Némésis, cet agent terrible de la justice, comme un vautour fondant sur sa proie, le poursuit, va l'atteindre et le livrer à son inflexible compagne [1]. »

Ce tableau, l'un des plus étudiés de Prud'hon, est aussi l'un de ceux

---

1. Le tableau devait être payé 15,000 francs par tiers : à la présentation de l'esquisse, au cours de l'exécution et à la livraison.

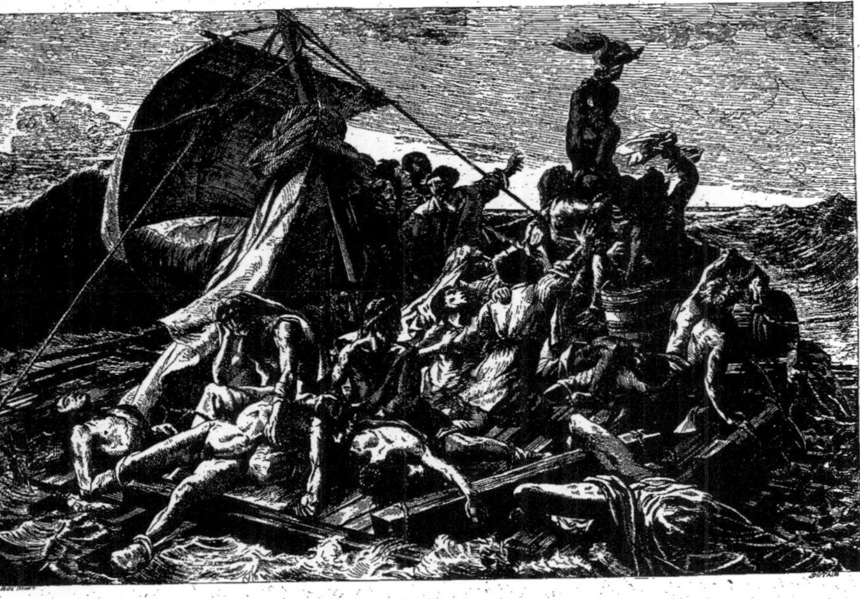

« Radeau de la Méduse », par Géricault.
(Musée du Louvre.)

qui ont le plus souffert. L'originalité et la puissance dramatique du maître y sont encore sensibles, la composition n'a rien perdu de sa beauté et de sa grandeur, certains morceaux, comme la victime étendue à terre, sont d'un charme juvénile ; mais les ombres ont indiscrètement envahi les demi-teintes, noyé les formes, perdu les délicatesses du modelé.

L'*Enlèvement de Psyché* a mieux résisté aux ravages des ans. Jamais Prud'hon n'a caressé d'un pinceau plus souple et plus suave les formes pétries dans une argile idéale, dans la blancheur ambrée d'une matière innomée. Aucun mot ne saurait exprimer la douceur silencieuse de ce vol égal et lent à travers l'air fluide, — l'abandon de ce beau corps, aux molles ondulations, la plénitude de sa forme voluptueuse et chaste, le charme de la figure encadrée dans le bras replié, baignée dans une demi-teinte d'une exquise transparence, où sa beauté se voile à demi et se complète de mystère.

Le *Zéphyr qui se balance* (Salon de 1814) n'est pas moins admirable. C'est dans ces œuvres toutes de charme doucement élégiaque et de voluptueuse tendresse qu'il faut aller étudier le génie profondément original de Prud'hon. — Avec ses dessins et quelques esquisses comme le *Réveil, Amour et Innocence*, le *Premier baiser de l'Amour*, etc., on a là toute la fleur exquise de sa palette, de son crayon et de son cœur. L'*Assomption* (1816), commandée pour la chapelle des Tuileries, est loin de valoir ces chefs-d'œuvre ; le *Christ en croix*, son dernier ouvrage, a noirci et se ressent déjà, malgré de réelles beautés, de l'exagération de sa manière et de l'abus de ses procédés. C'est encore dans les dessins de ses dernières années, quelques-uns faits en collaboration avec Mme Mayer, — l'*Amour séduit l'Innocence*, le *Plaisir l'entraîne*, le *Repentir suit*, l'*Innocence préfère l'Amour à la Richesse*, une *Lecture*, qu'il reste égal à ses plus charmants chefs-d'œuvre.

Après la mort terrible de son amie, la *Famille malheureuse*, le *Christ en croix*, le beau dessin du *Portement de croix*, l'ébauche en grisaille de l'*Ame délivrée*, disent bien quelles pensées habitaient son âme désolée. Il mourut le 16 février 1823, « heureux d'aller rejoindre cet ange de bonté, cette amie dont les suffrages furent si doux à son cœur » et dont l'amour fut dans sa vie et pour son génie avide de tendresse, un rayon, un asile et une inspiration.

Prud'hon mourut tout entier. Il fut dans son temps une apparition isolée, inexpliquée et charmante. Ce qui le fit grand artiste ne se communique pas; il ne laissa pas d'élève. Le seul qu'il eût formé, et dont le talent était fait d'amour, Mlle Mayer, l'avait précédé dans la tombe. Il vécut assez pour voir la première exposition d'Eugène Delacroix.

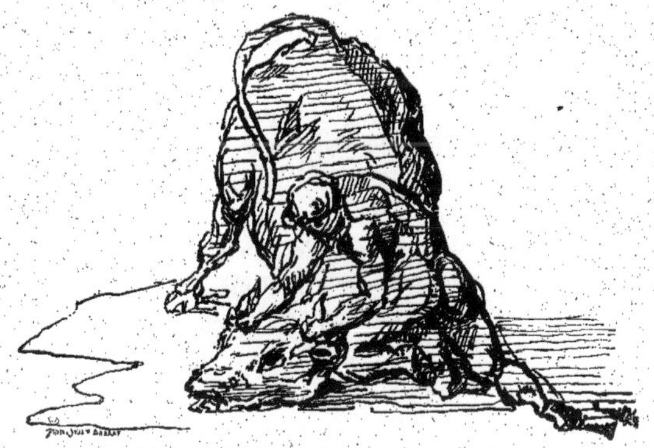

ESSAI D'HOMME TERRASSANT UN BŒUF.
(Fac-similé d'un dessin de Géricault.)

On a sans doute remarqué avec étonnement que dans la conversation tenue le jour des funérailles de Girodet entre « les membres de l'Institut et les artistes les plus distingués », le nom de Jean-Dominique-Auguste Ingres (1780-1867) ne fut même pas prononcé parmi ceux des peintres « capables de retenir l'École sur la pente où elle était entraînée », ou tout au moins dignes de la consoler « de la perte irréparable » qu'elle venait de faire. A cette date pourtant (1824), Ingres n'était pas un débutant; il avait quarante-quatre ans bien sonnés, il exposait depuis 1806 et, cette même année, il avait envoyé

de Florence son tableau *Vœu de Louis XIII*. Ce n'était certes pas
un inconnu; mais, dans l'opinion officielle, ce n'était pas encore un
maître, et s'il touchait au moment où sa réputation allait rapidement
grandir, où l'Institut s'ouvrirait devant lui, les représentants les
plus « autorisés » de l'École ou des débris de l'École de David
n'étaient pas revenus de la vieille méfiance que ses premiers débuts
leur avaient inspirée.

On l'a trop oublié en effet : Ingres fut traité en excentrique, et
même en hérétique par les docteurs de l'esthétique orthodoxe; le plus
indulgent et l'un des plus intelligents, Boutard, ne lui reprochait que
ses « caprices bizarres » et cette « fantaisie extraordinaire de remettre
à la mode la manière de peindre des siècles passés » ; mais jusque
dans « ces égarements » il reconnaissait du moins « un talent
véritable… » L'auteur du *Pausanias français* (Salon de 1806) était
plus sévère : « Voici que dans un autre genre, non moins détestable
puisqu'il est *gothique*, M. Ingres ne tend à rien moins qu'à faire
rétrograder l'art de quatre siècles, à nous reporter à son enfance, à
ressusciter la manière de Jean de Bruges! » Aux Salons de 1814, de
1819, il n'avait pas été mieux traité. Landon, Kératry, le *Journal de
Paris*, Boutard lui-même avaient, avec une sévérité de plus en plus
menaçante, critiqué son entêtement : *Angélique et Roger* nous
« reportait à l'enfance de l'art » (ils tenaient à ce mot), — n'était
qu'une « bizarrerie inexplicable » comme « certaines pièces de vers
modernes, dont le style, plus niais que naïf, annonce la prétention
d'imiter le ton et l'expression de nos vieux poètes ». Boutard, qui ce
jour-là était en colère, raillait avec une ironie implacable cette
« manie » de s'inspirer « du *divin* Masaccio, de l'*incomparable*
Ghirlandajo, et… » Il n'en fallait pas douter, Ingres était un survivant
de la secte abhorrée des *primitifs*, des *barbus*, des *penseurs*, qui
avaient un moment ébauché une émeute dans l'atelier même de David
— et dont nous avons résumé plus haut les doctrines. Ingres fut-il directement mêlé au mouvement et compta-t-il parmi
des adeptes de Maurice Quaï? Rien ne permet de le dire; mais il

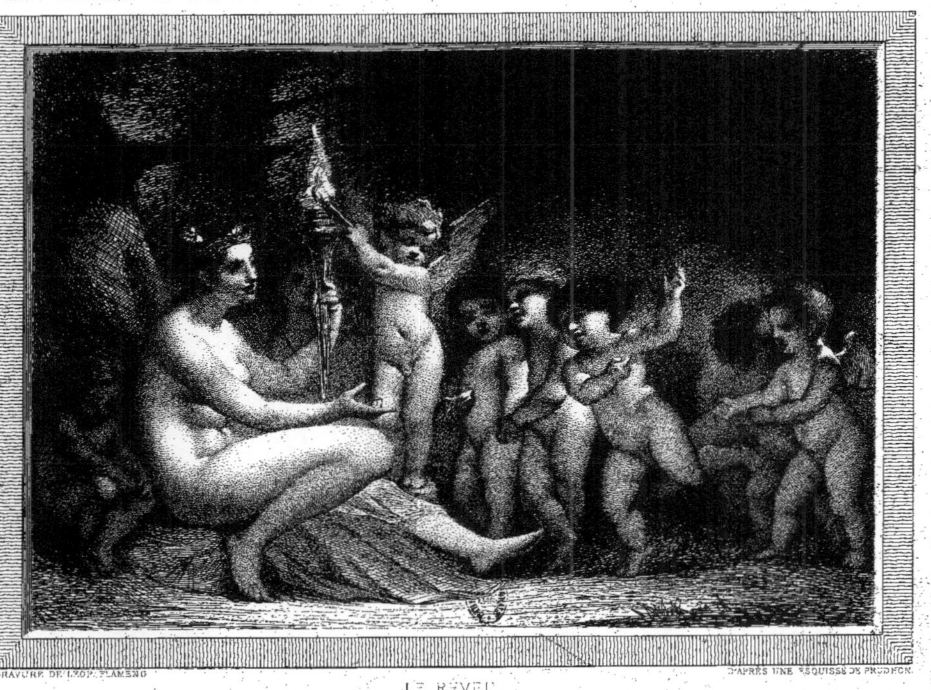

GRAVURE DE LÉOP. FLAMENG

D'APRÈS UNE ESQUISSE DE PRUD'HON

LE RÉVEIL

(MUSÉE NATIONAL DU LOUVRE)

Imp. Taneur. Paris

suffit de regarder les œuvres, les chefs-d'œuvre de sa jeunesse, tous les tableaux et surtout les dessins datés 1805-1806 et des années suivantes pour comprendre comment le jeune artiste mérita ces épithètes de *gothique* et de *primitif* sous lesquelles les critiques orthodoxes prétendaient l'accabler et pour deviner que son rêve d'art et de beauté était à cette heure matinale, qu'il le sût d'ailleurs ou non, très différent de celui de David et de son École.

Sur ses premières années de production active, non plus d'apprentissage, les documents sont nombreux. Sur les feuillets de son album de voyage, on trouve des notes prises à Assise, à Pérouse, des croquis d'après Filippo Lippi; il mentionne qu'il doit passer « au moins huit jours à Spolète », il achète de petits tableaux de l'école d'Angelico da Fiesole. Certaines études d'armures ont la netteté incisive, la sobriété élégante, la fermeté concise des dessins de Pisanello... Qu'on regarde la *Belle Zélie* du musée de Roüen qui est de 1806, le *Napoléon* des Invalides, qui est de la même époque, comme ce merveilleux dessin, ce pur chef-d'œuvre, aujourd'hui au Louvre, de la *Famille Forestié*, et qu'on les complète par le *Jupiter et Thétis* (1811) du musée d'Aix, qui fut son envoi de Rome, par les portraits à la mine de plomb de M. Thévenin, de M. et Mme Chauvin (1814), de M. et Mme Cavendish (1816), de M. Alaux (1818), de Mme Bernard (1819); par la belle étude pour le *Roger et l'Angélique* de la collection Bonnat, par la sépia de la *Françoise de Rimini*, le curieux dessin à la plume relevé d'aquarelle où il est représenté, vu de dos, — un dos éloquent, trapu, rageur! — devant la toile de son *Romulus vainqueur d'Acron*, avec son violon posé à ses côtés, etc..., etc... et l'on pourra se faire une idée de sa manière et reconstituer l'histoire de son talent, pendant les longues années de solitude, souvent découragée, et à certains jours de détresse, qu'il passa à Rome et à Florence, loin de son pays qui ne lui renvoyait que l'écho de critiques inintelligentes, enfoncé, isolé dans son rêve, inébranlable dans sa volonté.

Certes, personne ne soutiendra qu'il était resté empêtré dans les

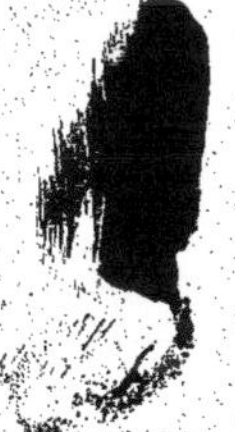

paraphes de la calligraphie de l'École, l'homme qui interprétait la nature avec l'ardente et subtile application, la virginale ferveur dont le portrait de la *Belle Zélie* nous offre un témoignage. Qu'il l'ait voulu ou non, il donnait alors à la main, non pas comme un imitateur, mais déjà comme un égal, aux maîtres du xvᵉ siècle, à ces définisseurs serrés et exquis, passionnés et nerveux du caractère et de la forme que la critique officielle lui opposait comme un opprobre. Il est bien possible que le sujet et même le mouvement de *Jupiter et Thétis* soient empruntés à quelque miroir ou à quelque vase antique; mais on y sent comme un lyrisme bien personnel et je ne sais quelle exaltation plastique dans le dessin tendu, jusqu'à craquer, de ce long cou, de ce bras caressant et suppliant de la déesse, levé vers le Père des dieux. Il y a, dans cette exagération presque violente, un paroxysme, une singulière volupté d'esprit; jamais peut-être plus que pendant cette période il n'a montré, avec une évidence plus claire et plus aiguë, ce qu'il voudrait faire, à quel idéal, à quelle vision particulière il obéissait, dont la poursuite et la tyrannie devaient remplir sa vie et déterminer son œuvre.

Et ce portrait de la *Famille Forestié!* On faisait beaucoup de musique dans la maison; il y passait ses soirées, y jouait du violon, accompagnait la jeune fille au piano, et il racontait même que de ces duos était née une inclination partagée. Mais — c'est lui qui parle : « Comme j'allais partir pour l'Italie, les parents décidèrent de remettre le mariage à l'époque de mon retour. Un beau soir, le soir des adieux, la jeune fille *contraria mes idées en peinture et me tint tête* ; cela m'avertit, je la laissai de côté. » Ce simple trait suffit à montrer son caractère. La brouille heureusement ne survint qu'après l'exécution de cet admirable portrait à la mine de plomb, chef-d'œuvre exquis d'intimité, de grâce simple, incomparable de vérité, où il a, en quelques coups de crayon, fait revivre la jeune fille debout, souriante et un peu rêveuse, devant le clavecin où sa main gauche se pose distraitement (c'est ainsi qu'elle devait donner le *la* à Ingres en train d'accorder son violon), le père, la mère et un ami qui se disposent à écouter, — la servante sur le seuil de la porte et le chien, non moins vivant et *parlant*, blotti aux pieds de sa maîtresse. Ce chef-d'œuvre est daté de 1806. Ingres ne devait rien faire de plus beau; il avait exprimé là toute l'essence de son génie, — dans ce qu'il avait de

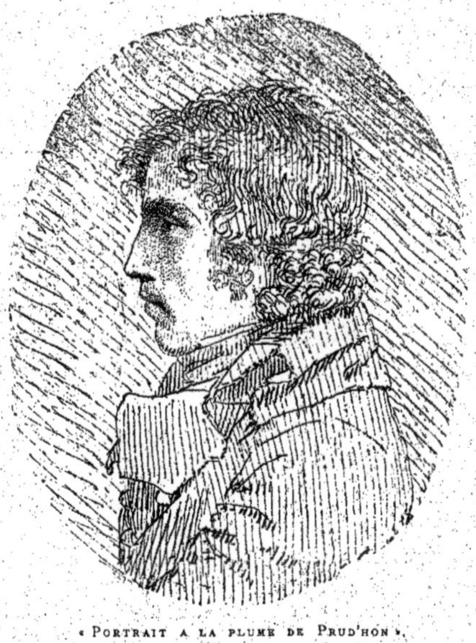

« PORTRAIT A LA PLUME DE PRUD'HON »,
PAR LUI-MÊME.

plus spontané, de plus personnel, de vraiment supérieur, — avant tout ce qu'il devait y ajouter par la suite de théories, de dogmatisme raisonné, de parti pris contestables.

L'art ne peut tout nous donner, en un seul coup, de la nature; tout réside en elle sans doute, mais nul ne saurait — si grand soit-il — l'exprimer tout entière. Les plus forts et les meilleurs ne lui ont

guère ravi qu'un seul de ses secrets à la fois et « le style » d'un maître
n'est, en dernière analyse, que l'exaltation de certains caractères natu-
rels instinctivement ou volontairement préférés, à quoi correspond
fatalement l'élimination plus ou moins systématique de certains
autres. L'éducation et la volonté de l'artiste, mais surtout la nuance
particulière de sa sensibilité, la construction et les aptitudes de son
œil, la qualité de sa vision déterminent son choix...

Pour mettre mieux en relief, pour saisir d'une prise plus forte la
forme en ses moindres détails, Ingres *devait* la contempler et l'isoler
dans la clarté la plus égale, sans complication de rayonnement et de
reflets, n'emprunter aux modulations de la lumière que le minimum
indispensable pour accentuer les méplats et les plus subtils accidents du
modelé. Il a poussé ces délicates analyses plus loin peut-être qu'aucun
œil humain ne fit jamais; de même que Rembrandt avec sa rétine
de visionnaire découvrait jusqu'au fond de l'ombre la vie grouillante et les formes noyées, Ingres saisissait entre deux écarts de *clarté*,
— pour nous presque imperceptibles, — des modulations décisives;
et c'est ainsi qu'il a pu, sur une simple feuille de papier, avec un trait
mince, grêle et délié, évoquer ces figures merveilleusement vivantes,
modeler avec un peu de mine de plomb ces incomparables portraits
que l'on admire davantage à mesure qu'on les étudie de plus près, —
et dont on ne saurait dire s'ils sont plus surprenants par l'intensité
et la pénétration de la vie ou par la simplicité déconcertante et
presque paradoxale des moyens...

Il avait horreur en peinture de tout ce qui ressemblait à un em-
pâtement de toutes les épaisseurs inutiles, de la matière gâchée. C'est
qu'en effet, il n'en avait aucun besoin. Quand il avait inscrit dans un
pur contour, modelé en quelques minces hachures filées, une figure
et un corps, il avait satisfait à tous les besoins de sa vision, à toutes
les exigences de son génie; il avait créé, dans le monde idéal dont il
était le maître, des êtres logiques et vivants. Un pareil dessin se
suffit à lui-même; il exprime d'une façon absolue, avec une perfection définitive, l'idéal d'un artiste. La couleur qu'il ajoutait n'y était

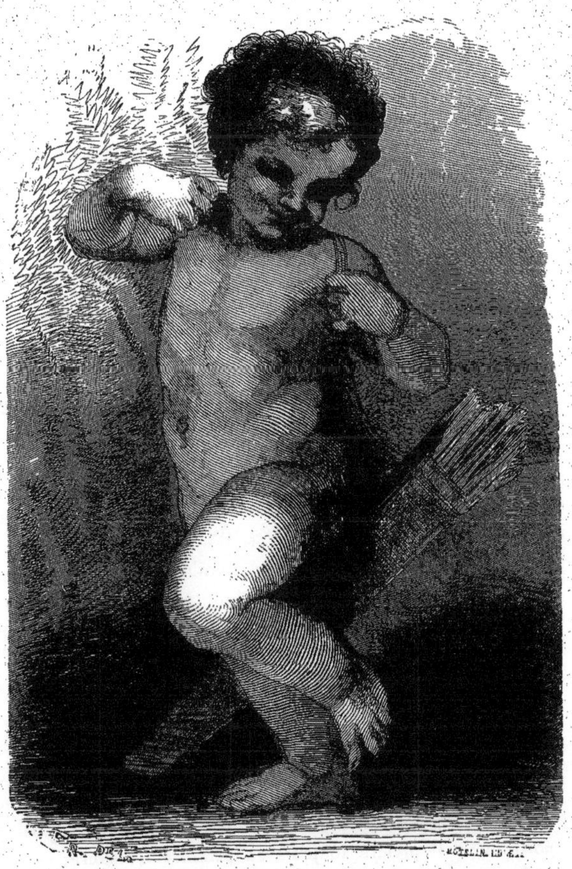

« AMOUR », PASTEL DE PRUD'HON.

pour lui qu'un embellissement, qu'un « agrément négligeable »; ce n'était que la *coloration* superposée à un dessin, répartie après coup par compartiments quasi géométriques et qui venait se poser sur l'œuvre vivante comme un manteau glacé, ou, pour emprunter à Delacroix une comparaison plaisante, « comme de la nonpareille sur un gâteau bien cuit ».

Que souhaiterait-on de plus en effet à ces portraits? n'expriment-ils pas, dans ses plus intimes profondeurs, la vie du modèle? Ne nous communiquent-ils pas une secrète et immuable certitude? Que pourrait-on ajouter ou retrancher au groupe de la famille Stamaty par exemple, à la grâce exquise de la jeune fille assise au piano, de l'enfant câlinement couchée sur les genoux de sa mère, à l'expression si physionomique, si légèrement et spirituellement caractérisée du grand garçon debout, derrière son fauteuil?

Mme Haudebourt-Lescot, dans son costume italien, Paganini, Mme Devauçay, Mme Moitessier, Delécluze, la famille Léthière, Mme Duclos, Marcotte, M. Gatteaux père, Mme Destouches, Mme Ingres, Mme Flandrin, M. et Mme Baltard, M. Forster, etc..., tous les âges, toutes les conditions, toutes les expressions, tous les caractères jusqu'à leurs plus subtiles nuances, il a tout dit avec la plus saisissante et la plus sobre volonté d'art, dominant son modèle, n'ajoutant rien à la nature, mais la résumant d'un trait souverain et comme voulait Latour, descendant jusqu'au fond. Il n'est pas, dans aucune école et à aucune époque, de plus grand portraitiste.

Et pourtant ces portraits, — ces portraits au crayon du moins, — Ingres les reniait presque; à l'Exposition du Salon des Arts-Unis, il fit publiquement une scène à ses amis qui en parlaient avec trop d'enthousiasme et, dans un emportement d'indignation, il ferma la porte au nez d'un malheureux Anglais qui était venu sonner chez lui en demandant : « Est-ce ici que demeure le dessinateur des petits portraits? » Il préféra toujours sa peinture d'histoire; — peintre d'histoire et violonniste, prêtre de Raphaël, de l'antique et de Mozart : voilà ce qu'il a voulu être pour la postérité. « Non, non! pas mes dessins! on ne regarderait plus mes peintures », disait-il aux amis qui le pressaient d'envoyer aussi des dessins à l'Exposition de 1855.

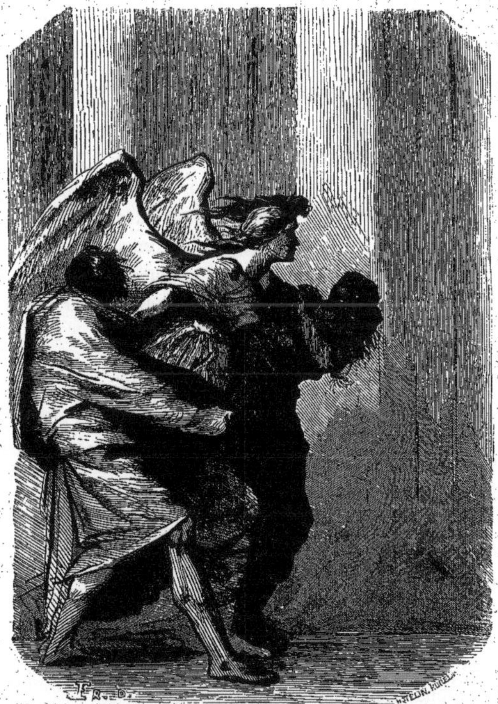

« LA JUSTICE POURSUIVANT LE CRIME. »
(Dessin de Prud'hon.)

Après avoir parlé de ses dessins et avoir montré quelle fut la source et la nature de son génie, il faut donc à présent aborder l'autre partie de son œuvre.

« Il est sans exemple, disait Ingres, qu'un grand dessinateur n'ait pas trouvé la couleur qui convenait exactement au caractère de son dessin. »

Il disait aussi : « Rubens et Van Dyck peuvent plaire au regard; mais ils le trompent ; ils sont d'une mauvaise école coloriste, de l'école du mensonge... »

Et encore : « Une chose bien dessinée est toujours assez bien peinte [1]. »

Nous avons essayé de montrer comment la couleur lui était inutile pour exprimer sa conception et sa vision de la forme. Il ne sentait pas, il ne comprenait pas le langage suggestif des harmonies colorées; les grandes et vivantes symphonies, si expressives, d'un Rubens, d'un Vélasquez ou d'un Delacroix étaient pour lui lettre morte. On ne saurait que lui reprocher, à lui et à son école, d'avoir voulu ériger son impuissance en système et en dogme.

Delacroix (cité par George Sand) disait qu'il avait confondu la coloration avec la couleur. Le mot est d'une justesse absolue. Quand il avait appliqué sur son dessin des tons plats et entiers, étendu du bleu sur un manteau, du rouge sur une robe, du lilas sur un coussin, du jaune ou du vert sur une draperie, — quand il avait rempli tous ces compartiments de couleur de façon à mettre plus en évidence, s'il est possible, la pureté d'un contour et l'absolu des formes, — il croyait avoir fait œuvre de peintre et on l'eût fort étonné et indigné en lui disant que ces tons juxtaposés infligeaient souvent à l'œil du spectateur de véritables supplices et par leur crudité froide, acide et criarde, par leur brusque et discordant contact, leur défaut d'harmonie totale, produisaient comme un effet cuisant et justifiaient ce cri échappé un jour devant la *Vierge à l'hostie* à Horace Vernet, qui n'avait pourtant pas le droit de se montrer si difficile : « Dire que voilà vingt ans qu'il nous *fiche* des bleus pareils! »

1. Voy. *Ingres, sa vie, ses travaux, sa doctrine, d'après les notes manuscrites et lettres du maître*, par le vicomte HENRI DELABORDE (Paris, 1870, in-8), et l'*Atelier d'Ingres, souvenirs*, par AMAURY DUVAL (Paris, 1878, in-16).

Cette façon d'enluminure, qui n'est pas sans quelque analogie avec la peinture de ces primitifs que les critiques orthodoxes lui reprochaient de vouloir imiter, s'adaptait d'ailleurs fort bien à certaines œuvres de sa première manière; il y a entre la netteté coupante, la précision aiguë du dessin et la crudité des couleurs, une convenance secrète. A mesure qu'il subit davantage l'influence du xvie siècle et surtout de Raphaël, il atténue insensiblement ses violences; mais ne pourrait-on pas soutenir que le véritable Ingres, — sinon le professeur et le théoricien intransigeant qui devait faire du Beau, d'un certain Beau, « un article de foi irrévocablement imposé à la conscience humaine », et assujettir tout le présent et l'avenir à l'imitation de « Raphaël et de l'antiquité », — du moins le grand artiste, doué d'un sentiment si vif et si pénétrant de la forme, d'une vision si prenante du monde extérieur, doit être cherché et étudié surtout dans les œuvres de sa jeunesse? Trop souvent, dans les ouvrages du membre de l'Institut et de « l'homme de la résistance », on ne trouverait à admirer que sa volonté implacable, un héroïque entêtement, si, par une de ces heureuses inconséquences fréquentes dans l'histoire de l'art comme dans celle de la vie, la rigueur de son dogmatisme théorique ne s'était plus d'une fois laissé surprendre par la vivacité de ses impressions spontanées en présence de la nature, et n'avait été mise en défaut par cette curiosité subtile, par cette intense et voluptueuse prise de possession de la forme qui communique à ses premiers tableaux et conserve même à ceux de sa vieillesse une si caractéristique saveur.

Élève de David, il débute par des morceaux d'école : *Antiochus envoie à Scipion l'Africain des ambassadeurs chargés de lui remettre son fils qui avait été fait prisonnier sur mer* lui vaut le second grand prix de peinture au concours de 1800. En 1801 il obtient le premier grand prix avec *Les ambassadeurs d'Agamemnon, envoyés pour apaiser Achille, le trouvent dans sa tente occupé avec Patrocle à chanter les exploits des héros.* Ce tableau lui valut de la part de Flaxman, de passage à Paris, des encouragements et des éloges tels que David en prit ombrage. A partir de ce moment, les rapports du maître et de l'élève se refroidirent pour toujours ; en 1814, Ingres écrivait à un ami en lui envoyant son tableau de la *Chapelle Sixtine* : « Quant à David, laissez-le. J'ai mes grandes raisons pour n'avoir jamais avec lui aucune espèce de contact et je désire qu'il voie seulement mes ouvrages à l'exposition. »

Ce détail biographique est important à noter. Nous avons déjà indiqué comment les premiers ouvrages d'Ingres montrent qu'il s'était de bonne heure affranchi de la tutelle de son maître. Sans doute, quand il fut devenu directeur de l'École de Rome, membre de l'Institut réactionnaire de 1830, et continuateur du « grand David », il affectait de dire de quelques-uns de ses élèves qui copiaient les primitifs : « Ces messieurs sont à Florence, moi je suis à Rome... vous entendez, je suis à Rome. Ils étudient le *gothique*... Je le connais aussi : je le déteste ! Il n'y a que les Grecs ! » Mais des témoins étaient là — sans compter ses œuvres, les plus véridiques et les plus irrécusables de tous les témoins, — et des contemporains, pour rappeler qu'en arrivant en Italie, à son premier voyage, il s'était enthousiasmé pour ces *gothiques*, qu'il avait fait maintes études au *Campo Santo* de Pise, et qu'il disait alors dans la ferveur de son admiration : « C'est à genoux qu'il faudrait copier ces hommes-là !! »

Il faut se rappeler ces particularités pour s'expliquer aussi bien les hostilités que les admirations qu'il suscita d'abord. Violemment critiqué et mis à l'index par les docteurs de l'École, il fut acclamé par les jeunes gens en qui grondaient déjà les révoltes futures. Avant de devenir « l'homme de la résistance », il fut le précurseur et — que son ombre me pardonne ! — le premier des romantiques. Delacroix l'hérétique, l'impie, l'abominable Delacroix, dont il devait dire plus tard qu'il fut « un fléau » pour l'École, Delacroix lui-même le défendait ! Les choses sans doute changèrent par la suite : mais c'est dans les origines d'un maître qu'on trouve le secret de son génie.

Lauréat du concours de 1801, il ne fut envoyé à Rome qu'en 1806 ; et pendant ces années d'attente, il continua de dessiner pour apprendre,

1. Voir Amaury Duval, *l'Atelier d'Ingres*, pages 224 et 225.

et de peindre pour vivre. C'est ainsi qu'avant son départ pour la
ville éternelle, il avait peint des œuvres hautement significatives
par la sincérité intraitable, la vigueur directe, la précision serrée
de la facture et de l'expression : par exemple, le portrait de son

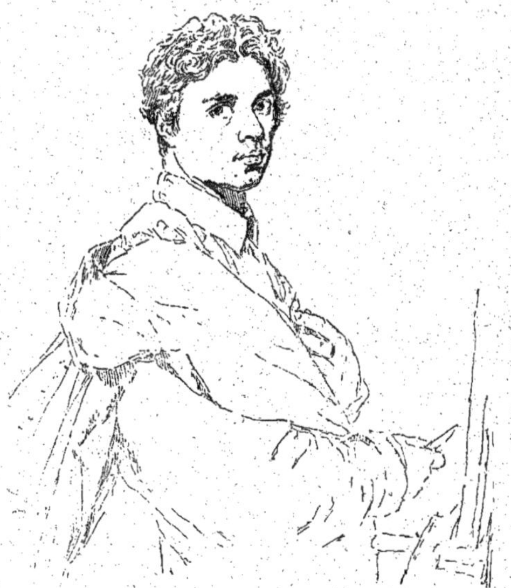

PORTRAIT D'INGRES, PAR LUI-MÊME (ROME, 1804), CROQUIS DE F. GAILLARD.
(D'après le tableau de la galerie de Chantilly.)

père (1804), ceux de M., Mme et Mlle Rivière du XIIIe siècle qu'il fit
inutilement rechercher pour les envoyer à l'exposition de 1855 et dont
il disait plus tard à Amaury Duval : « Si j'ai jamais fait quelque
chose de bien, c'est peut-être ces portraits-là » (Musée du Louvre);
le portrait de Bonaparte, premier consul (Musée de Liège); celui de
Napoléon (1806), en grand costume impérial, assis sur le trône, revêtu

du manteau de pourpre, le globe et le sceptre en main, hautain, sec, dur, comme découpé à l'emporte-pièce, mais d'une extraordinaire intensité d'expression (hôtel des Invalides) ; le portrait de la belle Zélie (Musée de Rouen), dont il a déjà été question, etc...

L'influence des maîtres italiens du XVIᵉ siècle se fait sentir déjà au moins dans la couleur de l'*Œdipe interrogeant le Sphynx* qui fut son *envoi* de Rome (1808). Sans doute le caractère de la tête, qui a l'air emprunté à quelque tableau de Girodet, est plus que contestable ; mais l'exécution de tout le morceau, du corps d'Œdipe notamment et surtout des épaules et du dos, a bien, dans sa pureté et dans son intensité, cette sorte d'exaltation plastique que l'on retrouve dans ses meilleurs morceaux. — C'est là sa marque propre.

En outre, dans l'*Œdipe* comme dans le *Jupiter et Thétis* (1811), comme dans la *Baigneuse* (1808) et l'*Odalisque* (1814), comme dans ses plus beaux portraits, et dans l'un des plus anciens et aussi des plus significatifs et des plus étonnants, celui de Mᵐᵉ Devauçay (1807), il témoignait encore par sa manière si fine et si rare de modeler dans les clairs et d'indiquer avec une précision sobre et nerveuse les plus subtiles modulations de la forme, que les tableaux des maîtres du XVᵉ siècle n'avaient pas été lettre morte pour lui.

C'est en ces années fécondes qu'il commença la *Vénus Anadyomène* (1807), reprise et achevée en 1848 ; — qu'il exécuta à la détrempe le *Romulus vainqueur d'Acron* (1812) et *Virgile lisant à Auguste et à Octavie le VIᵉ livre de son Énéide* ou *Tu Marcellus eris*, peint à Rome en 1812 pour la décoration d'une chambre à coucher de la villa Aldobrandini-Miollis, rapporté à Paris, à demi-détruit (Musée de Toulouse), dont le musée royal de Belgique possède une étude peinte et le Louvre un dessin remanié. Pour le rythme et la grandeur simple de l'ordonnance, ce *Marcellus* est une de ses premières œuvres où l'idéal classique soit délibérément poursuivi ; avec l'*Apothéose d'Homère* (1827) et la *Stratonice* (1834-1840), c'est une de ses compositions les plus complètes et les plus caractéristiques.

Mais l'antique ne l'avait pas pris tout entier. En dehors des por-

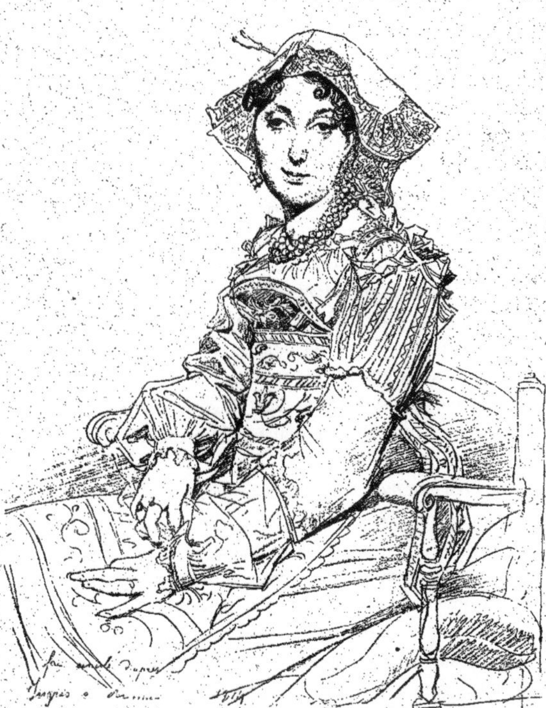

MADAME HAUDEBOURT-LESCOT, EN COSTUME D'ITALIENNE.

(Dessin d'Ingres.)

traits peints et surtout des portraits à la mine de plomb qui étaient sa
seule ressource dans la détresse la plus noire et la plus stoïquement
supportée, il sacrifiait encore à la « couleur locale » et se plaisait à un
genre de petits tableaux, de « miniatures historiques » dont le titre
dit assez le caractère et dont la *Françoise de Rimini* (1819) (collection
de M. Henri Faré), fine, naïve et délicieusement maniérée, a le charme
d'une ancienne et toujours fraîche enluminure. C'est devant de pareils
morceaux que les *Davidiens* effrayés dénonçaient le *Gothique*, l'imitateur « de Jean de Bruges » !

Ossian (1812), *Don Pedro de Tolède baisant l'épée de Henri IV*
(1814), les *Fiançailles de Raphaël* (1813), *Raphaël et la Fornarina* (1814),
Pie VII tenant chapelle (1813-1814), *Pierre Arétin et l'envoyé de
Charles-Quint* (1816), *Pierre Arétin et le Tintoret*, *Henri IV et
ses enfants* (1817), la *Mort de Léonard de Vinci* (1818), l'*Entrée
de Charles V à Paris* (1821), *Philippe V donnant l'ordre de la Toison
d'or au maréchal de Berwick après la bataille d'Almanza*, datent de
ces années laborieuses où le maître, loin de sa patrie, bafoué par les
critiques bien pensants, conscient de sa force, faisait tête à la misère
et disait avec un noble orgueil : « Je compte sur ma vieillesse, elle
me vengera. »

Le *Vœu de Louis XIII* fut la première victoire publique d'Ingres.
Il l'avait commencé à Florence en 1821 ; la commande lui en avait été
faite pour la cathédrale de Montauban et quoique le thème proposé
ne lui agréât pas et qu'il eût préféré une *Assomption*, il s'était mis à
l'œuvre, n'épargnant aucune peine, écrivait-il à son ami Gilibert,
« pour rendre *la chose raphaélesque et à moi* ». Il ajoutait : « Je compte
beaucoup sur ma grande page pour laquelle je veux déployer tout le
luxe de la grande peinture. J'espère, ou du moins j'en ai le violent
désir, acquérir par elle le contre-pied de ce qu'a pu dire ce médiocre
aboyeur, Landin ![1]... »

Raphaélesque ! A partir de ce moment, l'obsession de cet idéal

---

[1]. Lettre publiée par M. le vicomte H. Delaborde. Landin fut un de ceux qui l'avaient accusé
de vouloir « ressusciter la manière primitive des peintres de l'antiquité ».

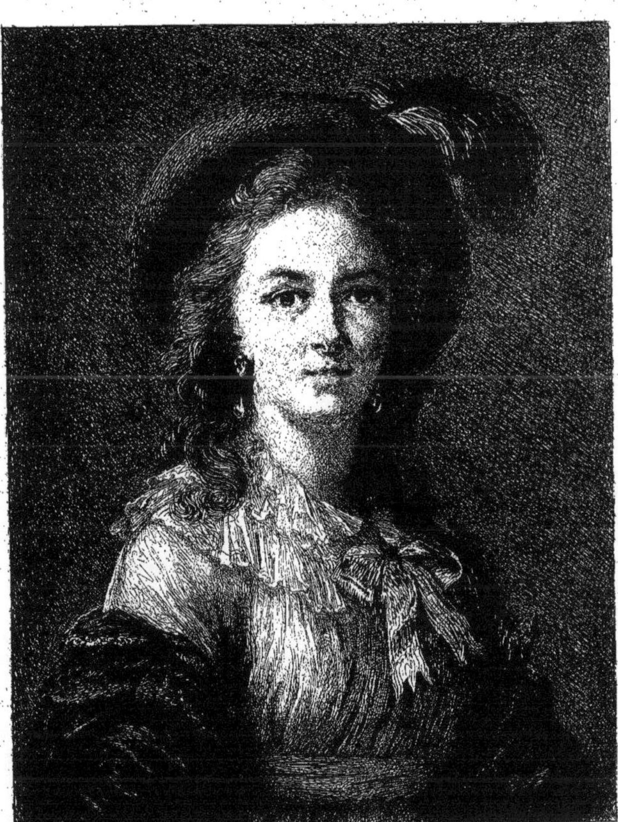

PORTRAIT DE Mme VIGÉE-LEBRUN (PAR ELLE-MÊME)

(MUSÉE NATIONAL DU LOUVRE)

Imp Tuneur. Paris.

étranger se fera de plus en plus sentir dans l'œuvre du maître et viendra
souvent atténuer et refroidir la vivacité de ses impressions et de ses
études en présence de la nature. Certes, il ne reniera jamais la nature,
« cette véritable mère des grands artistes, comme il l'appelait, où l'on
trouve et où l'on trouvera toujours d'aussi immenses trésors peut-être
que la variété des objets que renferme la mer » ; mais dans le choix
qu'il fera et dans l'élimination qu'il pratiquera parmi ces trésors
qu'elle lui offre, on sentira trop souvent la préoccupation d'un dogma-

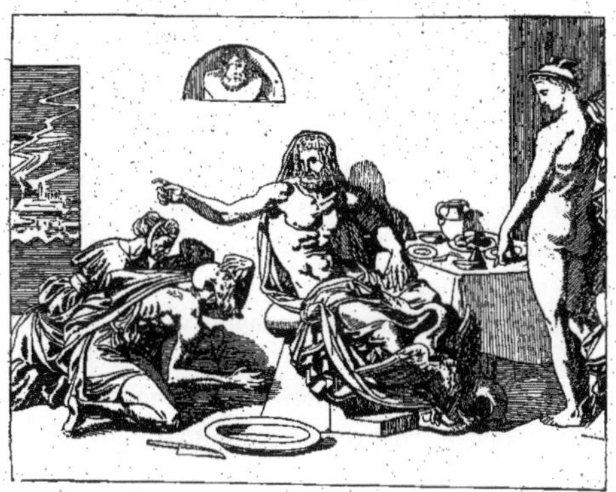

« PHILÉMON ET BAUCIS », DESSIN DE INGRES.
(Musée du Puy.)

tisme étroit. Dans le *Vœu de Louis XIII*, la figure à profil perdu du
roi agenouillé, le nez fortement accentué, la petite moustache espa-
gnole, sont écrits avec une insistance qui montre à quel point le caractère individuel l'intéressait ; mais la Madone, directement inspirée des
types de Raphaël dans sa période encore péruginesque, avec l'onction
en moins et *l'âme*, la grâce naïve, est d'une glaciale froideur... On y
peut voir, — comme dans le *Christ remettant les clefs à saint Pierre*,
aujourd'hui au Louvre, peint à Rome en 1820 pour l'église de la
Trinita de Monti où il a été remplacé par une copie, comme dans les

Vierges à l'hostie peintes en 1840 pour l'empereur de Russie et répétées avec quelques variantes en 1854, 1860 et 1866, — on y peut voir à quel point l'imagination religieuse, le don de l'émotion et du rêve intime avaient été refusés au maître impérieux. Ce qui avait révélé au fils de Giovanni Santi, dans ses originales années ombriennes, la tendresse divine et l'âme de la Madone, Ingres ne le connut jamais.

Le Salon de 1824, où figura ce *Vœu de Louis XIII*, fut un des premiers champs de bataille de la jeune École romantique. Delacroix y exposait son *Massacre de Chio*, Ary Scheffer son *Gaston de Foix*, Constable des paysages ; la jeunesse, les ateliers et les journaux étaient en grande rumeur ; les discussions esthétiques s'échauffaient jusqu'à l'invective. — Le *Constitutionnel* prenait la défense des idées nouvelles et réclamait, en belles phrases un peu vagues, le droit pour l'art de faire un pas, même après David. Stendhal, qui cette année-là, s'était fait *salonnier* au *Journal de Paris*, sans prendre absolument parti dans la querelle, soutenait cependant « que ce n'est pas le tout pour un tableau de présenter une quantité de beaux muscles dessinés bien correctement » et que « c'est une étrange prétention de vouloir que l'École française soit *immobilisée* comme un coupon de rente, parce qu'elle a eu le bonheur de produire le plus grand peintre du XVIII⁰ siècle, M. David ». — Dans le *Journal des Débats*, le sage Delécluze, que nous avons vu débuter par une pièce de vers à l'éloge de Vien, s'écriait douloureusement : « L'École est dans la crise » ou plutôt : « Il n'y a plus d'École ! » et, dans les sacrés portiques, des voix graves et éplorées se lamentaient « sur la multiplicité des doctrines et des goûts » et aussi sur « la multiplicité des moyens employés pour arriver à l'imitation de la nature », sur cette « manière nouvelle de jeter les teintes avec une fougue qui va jusqu'à la témérité » et de faire « grimacer les figures sans aucun respect pour la beauté ». « Homère a été cassé aux gages, s'écriait-on ; c'est Shakspeare qui le remplace. Homère prend fait et cause pour le beau contre le laid ; ce sont pour lui deux principes opposés. Mais le *sceptique*

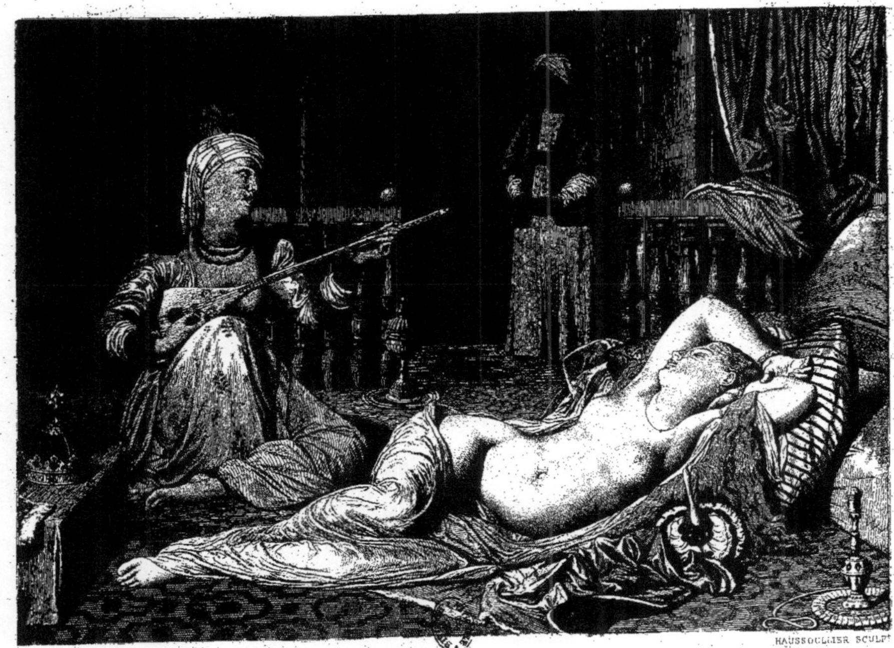

INGRES DEL.

HAUSSOULLIER SCULP.T

L'ODALISQUE A L'ESCLAVE

(MUSÉE NATIONAL DU LOUVRE)

Les chefs-d'œuvre. — 18

Imp Taneur Paris.

Shakspeare et les nations modernes ne les considèrent que comme des accidents différents. »

Homéristes et *Shakspeariens!* voilà, réduit à ses éléments essentiels, le conflit des principes rivaux — et toute l'histoire de l'art moderne! Cette proposition dont la forme peut nous faire sourire était au fond assez judicieuse. Ce qui apparaissait de nouveau dans l'art et allait le renouveler dans ses sources vives, c'était bien, en effet, un principe, un idéal septentrional... Quand Mme de Staël avait écrit en 1800, au chapitre XI de sa *Littérature considérée dans ses rapports avec les institutions sociales :* « La poésie mélancolique est la poésie la plus d'accord avec la philosophie. Ce que l'homme a fait de plus grand, il le doit au sentiment douloureux de sa destinée... » quand elle avait révélé aux Français « l'imagination du Nord », les artistes n'avaient pas entendu ; ils étaient trop occupés à copier des bas-reliefs romains, à draper d'impassibles héros casqués ; les Latins venaient de reconquérir l'art gaulois.... Mais l'heure allait sonner où les yeux et les cœurs s'ouvriraient aux beautés intimes et aux émotions profondes qui remplissent les œuvres de ces maîtres du Nord « à qui l'*idéal* était absolument inconnu », et qui avaient eu le mauvais goût de peindre des « ciels tristes, des mers huileuses, des pêcheurs sales ». On allait assister à une poussée nouvelle de cet « esprit du Nord » qui n'est jamais tout à fait sorti de l'art français et a toujours compté parmi nous quelque représentant et quelque témoin, même aux époques du classicisme le plus exclusif, mais qui, à certaines heures, a pu paraître presque entièrement étouffé sous l'élément latin... Marquer l'influence tour à tour prépondérante, les alliages inégalement dosés, à certains jours les conflits violents, à d'autres les réconciliations charmantes de ces principes rivaux, serait à vrai dire le programme difficile autant que séduisant d'une histoire de l'art dans notre pays...

Dès que la lutte fut nettement engagée, Ingres prit parti — et tous les classiques d'éducation et d'instinct vinrent se ranger autour de lui, se plurent à faire de lui « l'homme de la résistance » et contribuèrent à exalter les tendances les plus *orthodoxes* de son génie et de son art. Après l'avoir si longtemps renié, découragé, bafoué, ils l'adoptèrent tout à coup avec une tendresse d'autant plus vive que le *Massacre de Chio* avait paru plus inquiétant! Le succès du *Vœu de Louis-XIII* fut fait pour une bonne part de l'horreur qu'inspiraient les tableaux de Delacroix. A l'École désemparée, séparée de son chef, veuve de Girodet, *trahie (!)* par Gérard (« Celui-là! que Dieu lui pardonne, s'il peut », dira Ingres plus tard), il fallait un homme nouveau. — Ingres fut cet homme... — Il ne fut jamais assez reconnaissant à Delacroix.

Ravi autant qu'étonné de cet accueil si inattendu, bientôt accueilli par l'Institut, il résolut de rester en France, d'ouvrir un atelier, de professer et de défendre une doctrine,... et ses œuvres les plus chères furent dès lors conçues comme des démonstrations de la supériorité du principe qui les inspirait, comme des *illustrations* d'un évangile sauveur : « Je suis de l'avis du bon la Fontaine : « Point de paix « avec les méchants ! » écrivait-il, — et les méchants c'étaient les *romantiques* et les coloristes : c'était Delacroix et Rubens.

Homère déifié lui fut commandé en 1826 par la Maison du roi pour le plafond de la neuvième salle du Musée Charles X au Louvre [1]. Il y trouvait une belle occasion d'affirmer ses doctrines dans une œuvre plus importante et si l'on peut dire plus solennelle qu'aucune de celles qu'il avait encore signées. Il en exposait lui-même, comme il suit, le programme : « Homère, couronné comme Jupiter par la Victoire, reçoit sur le seuil du temple qui lui est dédié l'hommage des grands hommes reconnaissants. A ses pieds sont l'*Iliade* et l'*Odyssée*, figurées comme ses filles. On voit adossés aux colonnes du temple, Orphée, Linus et Musée, puis à partir de la droite d'Homère : Hérodote qui, vêtu en prêtre, fait fumer l'encens dans le trépied d'or; Sophocle posant la main qui tient ses œuvres sur le piédestal du trépied; Eschyle déroulant les siennes qu'il appelait « les reliefs des repas d'Homère »; Euripide la tête baissée, mélancolique; il tient un glaive

---

1. Une copie de Balze et Michel Dumas l'y remplace aujourd'hui. L'original est dans la salle de l'École française, au Musée du Louvre.

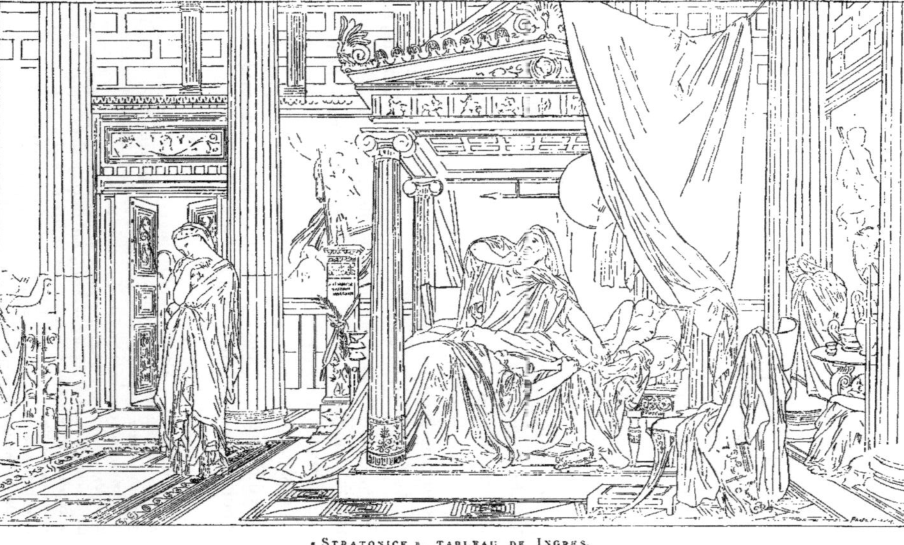

« Stratonice », tableau de Ingres.

(Galerie de Chantilly.)

comme le plus tragique des trois ; sur le second plan, Ménandre, avec
le geste d'un observateur ; Démosthène, dans l'attitude d'un orateur
ému d'admiration. Apelles conduit par la main et présente Raphaël ;
derrière lui, Sapho, Alcée et Alcibiade, grand admirateur d'Homère.
Virgile, la main sur son cœur, introduit le Dante et auprès de lui se
trouve le poète Horace. Au deuxième plan on voit Pisistrate et
Lycurgue occupés à rassembler les œuvres d'Homère.

« Vers le bas du tableau, en demi-figure, sont : le Tasse, Shakspeare [1],
Corneille, la Fontaine, Mozart, Poussin.

« A la gauche d'Homère est Pindare, vêtu de blanc et élevant sa
lyre. A côté de lui, Ésope touchant l'autel d'Homère, Anacréon au
second plan ; puis Platon et son maître Socrate qui lui conseille de
renoncer à la poésie pour les travaux philosophiques — il faut convenir
que de pareilles intentions ne sont guère du domaine de la peinture ; —
Périclès, Phidias présentant d'une main son ciseau et de l'autre touchant
son front comme pour indiquer le siège de son génie ; Michel-Ange
méditant ; Aristarque, Aristote, enfin Alexandre le Grand portant la
cassette dans laquelle il enfermait les œuvres d'Homère.

« Au bas on voit les dernières figures de Haydn, Camoëns, Fénelon,
Racine, les yeux fixés sur les anciens qu'il a imités, Molière, un
masque comique à la main. Longin écrit son *Traité du sublime* que
Boileau traduit à ses côtés... »

On pourrait assurément discuter ce cortège et cette prétendue descen-
dance d'Homère ; — mais ces critiques seraient ici de médiocre intérêt ;
il vaut mieux s'en tenir au seul côté plastique. Un ciel éternel [2], le fron-

---

1. Dans le grand dessin à la mine de plomb, lavé à l'encre de Chine, qu'il commença en 1840
et reprit en 1864, Shakspeare fut supprimé *pour ne pas compromettre l'unité morale, la vertueuse
harmonie de la scène.* Il en fut de même de la figure du Tasse. Quant à Gœthe, malgré les ins-
tances répétées de Lehmann, Ingres se refusa toujours obstinément à le comprendre parmi ses
« Homérides »... L'auteur d'*Iphigénie en Aulide* ne trouvait pas grâce à ses yeux. N'avait-il pas
d'abord écrit *Werther* et *Faust?* — *Faust,* que Delacroix avait illustré!... En revanche,
WINCKELMANN, l'abbé BARTHÉLÉMY, l'auteur du *Voyageur d'Anacharsis en Grèce,* furent admis
aux honneurs de l'apothéose! Il faut lire les lettres et les notes d'Ingres publiées par M. le
vicomte Delaborde. On y verra ce que pouvait valoir une telle esthétique.
2. Des fragments d'architecture et des dessous mal effacés y réapparaissent malheureusement
et en troublent la sérénité.

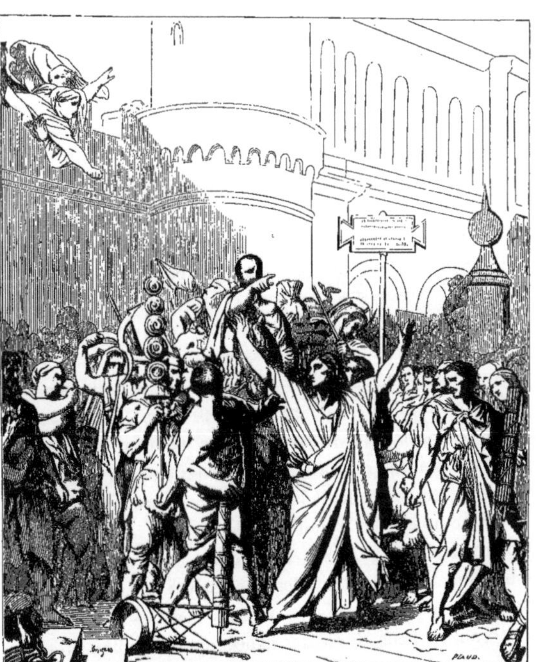

MARTYRE DE SAINT SYMPHORIEN.

(*Dessin par Ingres.*)

ton pur d'un temple, une grande et tranquille ordonnance, des formes paisibles dans une atmosphère élyséenne, — une réunion de portraits, mais tous les détails individuels subordonnés à une idée maîtresse, ramenés à l'unité d'un grand ensemble triomphal, voilà ce qu'il a voulu faire; il y a mis une sorte de lyrisme dans une impérieuse et calme volonté. L'émotion de la beauté contemplée par un dévot s'y fait même sentir çà et là, surtout dans les deux figures de l'*Iliade* et l'*Odyssée* — et encore plus dans les études admirables que le maître fit pour ces deux figures.

Mais l'œuvre où, de son aveu, il mit le plus de soin, celle qui devait résumer et faire triompher à tous les yeux ses doctrines et qu'il appelait son « maître tableau », fut le *Martyr de Saint Symphorien* (cathédrale d'Autun). La composition en est savante et serait encore plus belle s'il ne s'était plu à y multiplier les figures jusqu'à l'empilement. Au-dessus des bras et des membres serrés, trois gestes éclatent d'une incontestable éloquence : ceux du martyr, de la mère et du gouverneur. Mais le professeur qui démontre et le docteur qui affirme interviennent trop visiblement à côté de l'artiste qui sent et qui exprime; l'œuvre en est toute refroidie... C'est devant quelques-uns des dessins qu'il fit en vue de ce tableau, études de gestes ou de draperies, figures de licteurs ou de femmes, que l'admiration et l'émotion trouvent encore leur compte aujourd'hui.

En somme, rien n'était plus contraire à la doctrine d'Ingres que l'expression des passions. Sans doute, il a trouvé quelquefois des mouvements et des attitudes expressives et émouvantes — dans la *Stratonice* notamment le geste du jeune malade —; mais tout ce qui pouvait troubler l'eurythmie des lignes, agiter les silhouettes et compromettre la grâce des contours lui était *a priori* suspect et condamnable. — En vain lui parlait-on des inquiétudes et des tourments des jeunes imaginations, de la fièvre de la vie moderne, de la maladie et des orages du siècle. « Sophismes que tout cela! Sophismes! répondait-il. Est-ce que la lumière et l'air changent, *est-ce que le cœur humain a changé depuis Homère?* Il faut suivre son siècle, dites-vous! Mais si mon siècle a tort! Parce que notre voisin fait le mal, je suis donc tenu de le faire aussi? Parce que la vertu ainsi que la beauté peut être méconnue par vous, il faut que je la méconnaisse à mon tour, il faut que je vous imite!... Messieurs, vous savez tout ce que l'on peut apprendre par soi-même; mais tant que vous n'aurez pas consulté les anciens, vous ne réussirez pas à rendre le modèle tel qu'il est. Il n'y a qu'eux qui vous l'apprendront. Avec toute votre bonne organisation vous resterez devant la nature votre vie entière, vous ne parviendrez pas à la traduire en esprit et en vérité. »

Certes la nature ne change pas, eût-on pu lui répondre; mais *nous*

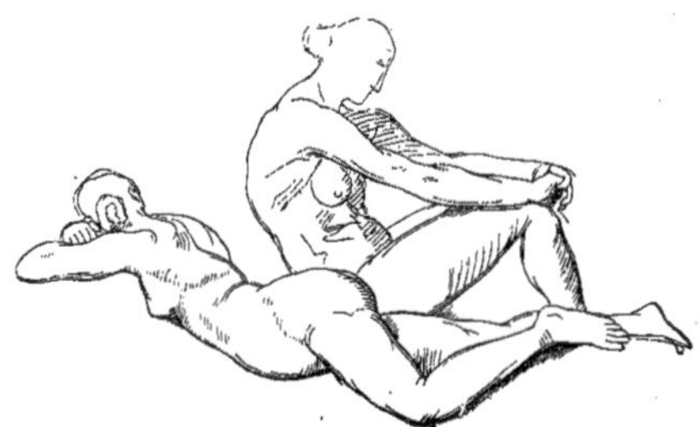

« L'ÂGE D'OR », CROQUIS DE INGRES.

changeons. Chaque génération la voit en quelque sorte avec des yeux différents; nous allons à elle avec des cœurs remplis de besoins et de désirs nouveaux;... et comme c'est en nous qu'elle arrive à la conscience d'elle-même, nous marquons à notre empreinte les images que nous en essayons. Tout est en elle à tout jamais, elle est l'inépuisable, l'impassible, l'immortelle maîtresse des maîtres; — mais le cœur humain, prenez-en votre parti, a changé depuis Homère, — et c'est justement dans la rencontre des cœurs d'hommes sincères et émus, mais témoins éphémères, avec le modèle éternel que l'Art a trouvé et trouvera des rajeunissements sans fin.

Ce n'est pas les anciens d'ailleurs qui lui avaient appris le véritable

secret de son génie ; ce n'est pas d'eux qu'il tenait ce don de saisir
d'une prise si vive la forme et le caractère. Certaines de ses études
sont d'une intensité qu'on peut dire troublante, malgré l'abus qu'on a
fait de ce mot ; il a mis dans quelques dessins de ses *Odalisques* et de
ses *Baigneuses*, des curiosités et des intentions dont la vivacité a pu
paraître inquiétante ; enfin, nous avons dit ce que sont ses portraits,
et l'anecdote que lui-même aimait à conter à propos d'un de ses
chefs-d'œuvre, *Bertin l'aîné* (1882), montre avec quelle vivacité d'impression il recevait les indications et les conseils de la vie. Il l'avait
cherché, ce portrait, dans plusieurs attitudes, — debout, de profil, de
trois quarts ; — aucune ne le satisfaisait. Un jour enfin, dans le salon
même de Bertin, une discussion s'étant engagée sur quelque question
de politique courante, M. Bertin, qui venait de dire son avis, écoutait
la réponse de son interlocuteur — assis dans son fauteuil, le cou dans
les épaules et les mains sur les cuisses, dans l'attitude « d'un homme
que la contradiction irrite moins encore qu'elle ne lui inspire un
surcroît de confiance dans l'autorité de son opinion ». — Ingres le *vit*
d'un coup d'œil : « Votre portrait est fait, s'écria-t-il. Cette fois, je
vous tiens », et bientôt il avait fait revivre pour les siècles non pas
seulement un grand bourgeois de 1830, mais la *Bourgeoisie* elle-
même du règne de Louis-Philippe.

Une de ses dernières œuvres, *Une Source*, qu'il avait — il est
vrai, commencé de peindre à titre de simple étude vers 1824, mais
qu'il reprit et convertit en tableau en 1856, — c'est-à-dire à l'âge de
76 ans, — montre dans un exemplaire admirable, l'étonnante acuité
de son œil et la fermeté de sa main. Il n'a rien fait d'aussi charmant,
d'aussi jeune et d'aussi séduisant que cette figure, où son rêve plastique
semble s'être fixé et comme rajeuni dans une définitive et complète
incarnation. « Une âme végétale », comme a dit très justement Paul
de Saint-Victor, vit et respire en elle. — C'est un morceau de nature
et c'est une vision. Le dessin de l'arcade sourcilière qui encadre
l'œil ineffablement pur, transparent et froid, qu'un songe vague habite,
la forme pleine et délicate du front, la grâce du bras replié, du cou

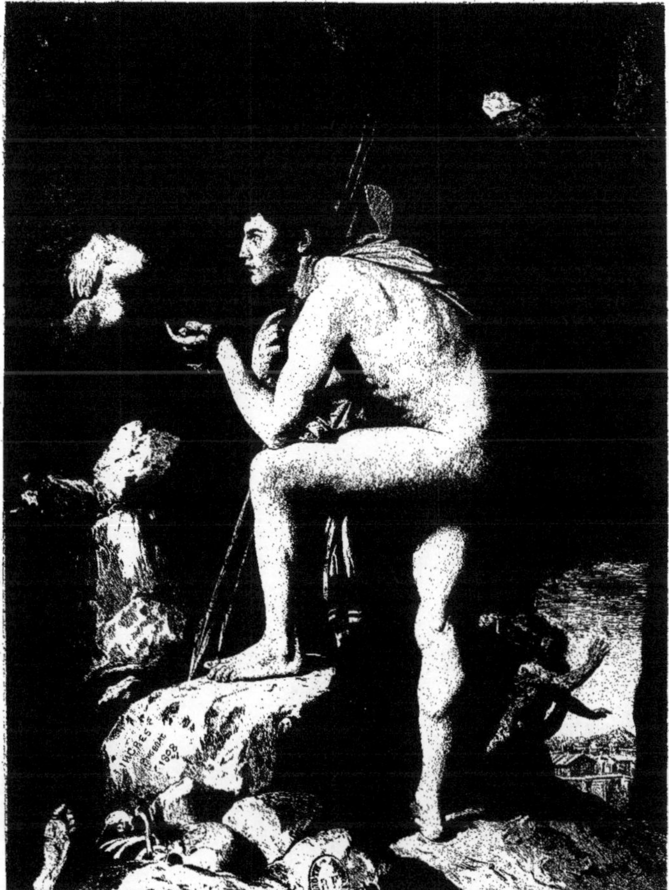

ŒDIPE

(MUSÉE NATIONAL DU LOUVRE)

légèrement penché, l'ondulation lente de tout le corps chaste et nu, sont la plus subtile expression de ce culte exclusif et passionné de la forme, dont les violents partis pris l'égarèrent parfois, mais qui triomphe ici et resplendit dans un sourire.

Enfin chez cet homme de volonté opiniâtre et hautaine, la probité fut admirable. Nul n'a plus souffert pour son art et n'a plus simplement et plus héroïquement supporté la misère. « Tout braver avec courage, ne travailler que pour plaire d'abord à sa bonne conscience, puis à peu de monde » : telle fut sa devise et la règle constante de sa vie. Il fut un docteur souvent contestable sans doute ; mais il fut aussi un apôtre et un prêtre, d'une bonne foi absolue et dont l'intolérance même reste respectable. Il fut fidèle jusqu'au bout à « ses vieilles convictions », et si les opinions sont discutables, la fidélité fut belle autant que rare. Quant au chef d'école, que quelques-uns de ses admirateurs ont compromis autant que ses détracteurs l'ont méconnu, si l'on consent à l'admirer dans ce qu'il eut vraiment d'unique, nous avons essayé de dire dans quelle mesure et comment il fut admirable.

En somme, il fut le dernier grand païen. C'est pourquoi il a été si peu aimé et souvent si mal jugé. Il n'a pas compris son temps, et son temps le lui a bien rendu. Il a si rageusement tourné le dos à l'art moderne, si brutalement nié dans l'ardeur de la dispute ce qui, en dépit de bien des tentatives décevantes et des dangers, restera la grandeur et la beauté de cet art inquiet, agité, troublé, mais vivant, ému et sincère, il s'est enfermé si absolument dans une contemplation unique et un dogmatisme étroit qu'on a oublié le fervent *naturaliste* qui se cachait derrière le docteur impérieux et le théoricien intransigeant.

Pendant que Jean-Dominique-Auguste Ingres vivait loin de la France et de Paris les plus belles années de sa jeunesse, absorbé dans la contemplation exclusive et jalouse de son idéal plastique, étranger, sinon indifférent, à la tragédie prodigieuse qui remplissait le monde de deuil, d'admiration et d'épouvante, une génération grandissait, « conçue entre deux batailles, gouttes d'un sang brûlant », dont Alfred de Musset, dans les premières pages de la *Confession d'un enfant du siècle*, a dit l'inquiète mélancolie. A cette « jeunesse soucieuse », qui allait entrer dans la vie et « s'asseoir sur un monde en ruines », à ces fils de la Révolution et de l'Empire qui avaient entendu raconter Arcole, Marengo, Austerlitz et qui venaient de voir Waterloo, à ces imaginations de vingt ans ouvertes aux chefs-d'œuvre des littératures étrangères que les armées impériales et les émigrés leur avaient rapportées, à tous ces cœurs vaguement angoissés, souffrant « d'un inexprimable sentiment de malaise », il fallait autre chose que la rhétorique de M. de Fontanes, les vers de l'abbé Delille ou les académies de Girodet et de Guérin... Eugène Delacroix (1798-1863), qui, selon sa propre expression, « portait dans le cœur quelque chose de noir à contenter », trouva le mot que ses jeunes contemporains attendaient sans savoir le dire. Ce que Gros avait entrevu sans oser l'exprimer jusqu'au bout, ce que Géricault avait pressenti mais avait à peine eu le temps d'indiquer, ce poème de fièvre et de vibrant enthousiasme, ce fut lui qui l'écrivit. Le souffle embrasé qui passait alors sur tant de fronts fit germer sous le sien toute une floraison d'images ; il fut vraiment *le peintre* de cette génération privilégiée qui vit l'histoire, la poésie, la littérature, l'art tout entier se transformer dans une orageuse et féconde évolution. Ce rêve de vie exaltée et un peu artificielle, mais sincère jusque dans ses partis pris les plus arbitraires en apparence et ses élans désordonnés, nul ne le rêva plus intense et ne le traduisit en des formes plus frémissantes, avec une plus persuasive éloquence.

Il avait, comme tous ses camarades, commencé par faire docilement l'*académie* chez Guérin ; et l'on a pu voir de lui un *Aveugle mendiant* et quelques études d'atelier d'une *sagesse* et d'une application édifiantes, avec les traces déjà sensibles pourtant d'une préoccupation du geste en action et de la vie. Mais il n'avait pas tardé à s'apercevoir que « la palette de l'École » ne lui suffisait pas et que ce « beau absolu », cette fameuse « beauté antique », qui, au dire de ses maîtres, était le but des arts, n'était pas la beauté tout entière. Il écrivait sur son

agenda : « Si c'est là l'unique but, que deviennent les gens comme
Rubens, Rembrandt et généralement toutes les natures du Nord ?...
Demandez la *pureté*, la *beauté* à Puget ; adieu sa verve !... » Et quand
on le mettait en garde contre sa tendance à faire *laid*, il répondait :
« Le laid, le *laid souverain*, ce sont nos conventions et nos arrange-
ments mesquins de la grande et sublime nature. Le laid, ce sont nos

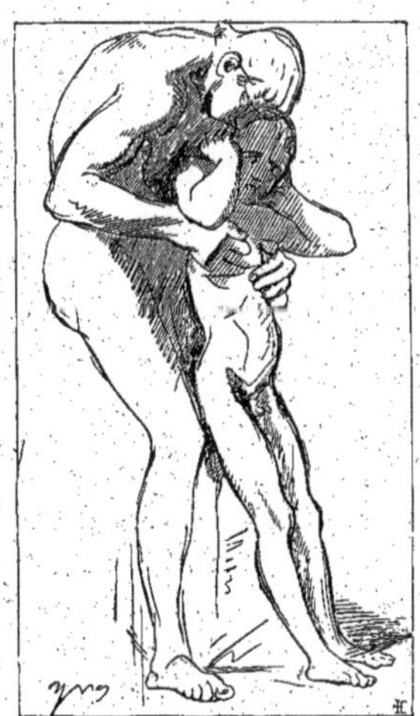

têtes *embellies*, nos plis *embellis*, l'art et la nature corrigés par le goût
passager de quelques nains qui donnent sur les doigts aux anciens, au
moyen âge, à la nature ! » Il admirait l'antique, mais non pas à la manière
de l'Ecole de David ; il l'aimait pour l'ampleur savante des formes combinées avec le sentiment de la vie, pour la largeur des plans et la grâce
de l'ensemble ; et quand, irrité de quelques critiques, il allait faire
devant les œuvres des maîtres alors en honneur et en autorité une
sorte d'examen de conscience, il osait écrire au retour : « Je suis

étonné de l'*incorrection* de Girodet ; cet homme, au pied de la lettre, ne sait pas le dessin ! » Autant il aimait Prud'hon « ravissant, ravissant génie, divin avec ses incorrections », autant la *Bataille d'Eylau* de Gros l'émouvait (tout m'en plaît, disait-il) comme les œuvres de son ami Géricault, par « l'impression de force et d'action » qu'il y trouvait et leurs « grands rapports avec Michel-Ange », — autant les académies de l'École l'irritaient, et s'il savait apprécier la beauté de la « prose mâle et vigoureuse » de David, il ne trouvait que sarcasmes pour ses élèves et les pédants de son école. « Une bête peut avoir son originalité ; un sot, jamais ! »

Dans sa correspondance [1] on trouve, sur ces années de jeunesse et de préparation, des confidences où se peint l'état de son âme, inquiète et ardente. Il lit les poètes avec larmes, la vie du Tasse et sa captivité lui font verser des pleurs de rage et d'indignation. Il « s'agite sur sa chaise à cette lecture, les yeux menaçants, les dents serrées de colère » ; « l'âme brûlante » de Byron parle à la sienne. Ce ne sera pas, on le voit dès lors, par une affectation de dandysme littéraire et de mode romantique qu'il empruntera aux poètes les sujets d'un si grand nombre de ses tableaux. S'il leur a voué une prédilection passionnée, c'est qu'en effet il a vécu avec eux les heures les plus sincères et les plus intimes de sa vie morale. Sans doute, ce fut bientôt un fait général et caractéristique de l'histoire du romantisme que l'invasion de la *littérature* dans les ateliers, et l'on peut soutenir que l'influence n'en fut pas toujours heureuse sur la peinture ; mais chez Delacroix, il y eut conformité de nature et de génie, prédestination, si l'on peut dire, et communion étroite ; il était de la famille et le fit bientôt voir. « Recueille-toi devant ta peinture et ne pense qu'à Dante », écrivait-il sur ses *agenda* au début de sa vie d'artiste... et, plus tard, comme un *sursum corda :* « Pense au grand Michel-Ange, nourris-toi de ses grandes et sévères beautés. » N'est-ce pas le cas de dire avec Gœthe que nos désirs donnent la mesure de nos facultés ?

1. *Lettres d'Eugène Delacroix*, recueillies et publiées par Philippe Burty. (Paris, 1880, 2 vol. n-16.)

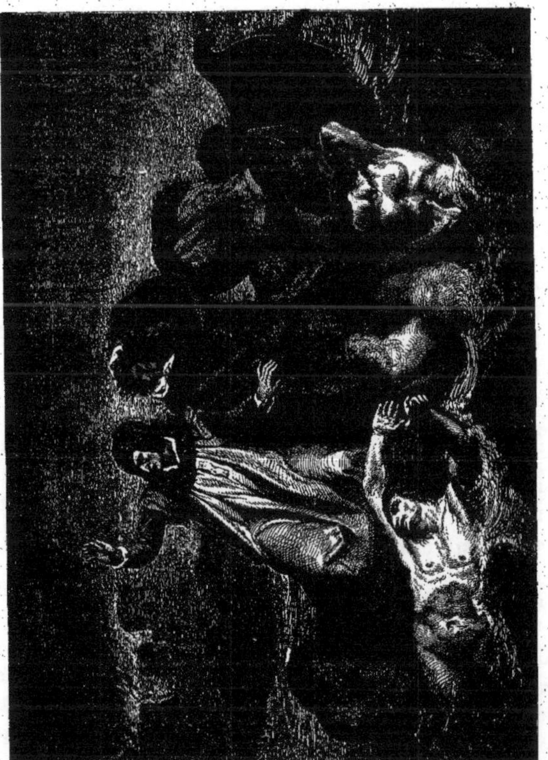

La « Barque du Dante », d'Eugène Delacroix.

David ramenait sévèrement son élève Gros à la lecture de Plutarque :

Nocturna versate manu versate diurna !

Delacroix, par une sympathie instinctive, va d'abord aux grands tourmentés, à Dante, à Byron; bientôt après à Shakspeare. Ils lui sont comme un répertoire familier; il leur emprunte moins des sujets qu'il ne se sert d'eux pour exprimer dans sa langue de peintre d'intimes angoisses et l'âme inquiète de son temps; il retrouve en eux l'écho de sa propre pensée, comme on retrouve dans ses tableaux même à l'état d'ébauche et dans ses lithographies un commentaire pénétrant et passionné de leur génie. Qui donc a jamais fait revivre avec une vraisemblance plus persuasive et plus obsédante l'incurable mélancolie, l'élégance frêle et triste d'Hamlet, sa rêverie douloureuse et tendre au bord de la tombe d'Yorik, la folie furieuse de sa lutte avec Laerte, le geste de tragique inconscience dont il pousse du pied le cadavre encore chaud du pauvre et plat radoteur Polonius, l'éveil de l'ambition dans l'âme de Macbeth écoutant fasciné, rempli d'horreur et d'avide surprise, les prédictions des sorcières, l'obsession du remords qui fait errer dans la nuit pleine de gémissements la tremblante lady Macbeth ? Quant au *Faust* de Gœthe, nous savons par les *Entretiens* d'Eckermann que, de l'aveu du maître, personne ne l'avait plus profondément compris, senti et commenté que Delacroix dans la série de ses dessins lithographiques.

C'est à Dante qu'il va d'abord. Quand on vit paraître, au Salon de 1822[1], cette *Barque de Dante* ce fut pour tous une surprise, mêlée d'admiration chez quelques-uns, d'effarement chez la plupart. Le sujet d'abord, qui tranchait d'une façon si vigoureuse et si hardie sur le fond usé du répertoire de l'École, et plus encore, la manière dont le jeune peintre l'avait conçu et évoqué étaient bien pour exciter un

1. Le titre exact était : *Dante et Virgile conduits par Plégias traversent le lac qui entoure les murailles de la ville infernale de Dité.* Avant ce tableau, il avait peint, en 1819, pour l'église d'Orcemont (Seine-et-Oise) une *Vierge aux moissons* dont il existe deux exquisses et plusieurs croquis. (Voir le catalogue de M. Adolphe Moreau, *Eugène Delacroix et son œuvre*, Paris, 1873, in-8º.)

universel étonnement et solliciter vivement les yeux et les esprits.
Quelque chose se dégageait de cette toile, qu'on n'avait encore vu dans

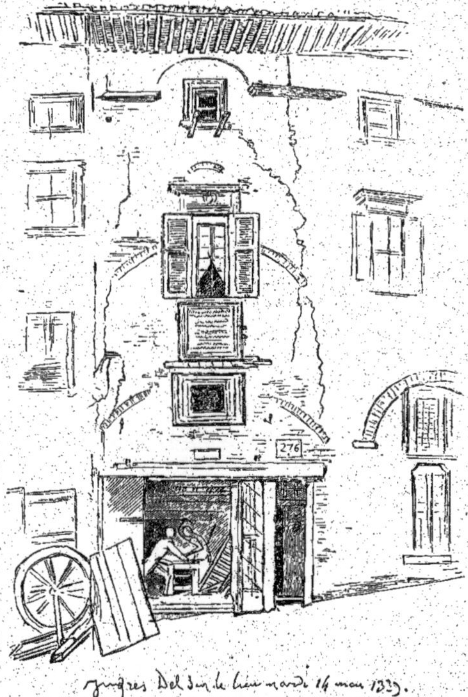

DESSIN DE INGRES.

aucune autre. C'était comme une ardente inquiétude, une intime épouvante rendue sensible à tous par une harmonie jusqu'à ce jour inédite
des lignes et des couleurs. Ce groupe de sombres voyageurs, serrés sur
la petite barque secouée sous le double assaut des damnés qui s'y

cramponnent désespérément et du remous des vagues infernales, ces rayons livides des régions souterraines glissant sur l'eau sinistre et mouvante et sur les pâles corps convulsés, cette atmosphère lourde où montent des vapeurs rousses et verdâtres et que rougissent à l'horizon des lueurs d'incendie, — cette « conspiration de toute la nature environnante » à l'expression du drame, la terreur et l'agitation de Dante à cette première révélation des tourments éternels, la compassion plus calme mais si profonde de Virgile, hôte séculaire des tragiques rivages... qui donc avait révélé ces choses à ce jeune homme de vingt-trois ans, où avait-il trouvé le secret de cette poésie et de cette langue toute nouvelle ? Ce n'est pas, on peut le croire, chez Guérin, mais plutôt dans son propre cœur exalté à la lecture de ces chers poètes; — c'était aussi dans ses tête à tête avec ces maîtres de l'art, que dès son entrée dans la carrière, il avait invoqués comme ses génies protecteurs et ses grands conseillers: Michel-Ange et Rubens. — Le torse de Plégias est michelangesque; la femme renversée contre la barque est visiblement inspirée de la *Nuit*. Quant au torse du damné peint à l'autre bout, tout ruisselant d'eau verdâtre, Delacroix racontait lui-même quel embarras il avait éprouvé à rendre « les gouttes d'eau qui découlent des figures nues et renversées » et comment le souvenir des Néréides de Rubens dans le *Débarquement de Marie de Médicis* était venu à son secours... Il n'avait que 23 ans et il en était encore à la période des tâtonnements; mais ce qu'on voyait là suffisait à révéler un grand coloriste. La tête de Virgile, la note éclatante et imprévue de la draperie blanche qui, sous la couronne de laurier, la recouvre, les tons rompus des draperies soulevées par le vent infernal, les glauques profondeurs du lac tragique étaient bien des trouvailles d'un maître original, d'inspiration aussi haute que d'originale invention.

On a souvent cité la page célèbre que M. Thiers, alors *salonnier* au *Constitutionnel* et cette fois bien inspiré (par Gérard, assure-t-on), consacra à ce tableau. Il annonçait « un vrai talent dans la génération qui s'élève »; il y trouvait révélé l'avenir d'un grand peintre, et admirait surtout « ce jet de talent, cet élan de supériorité naissante qui

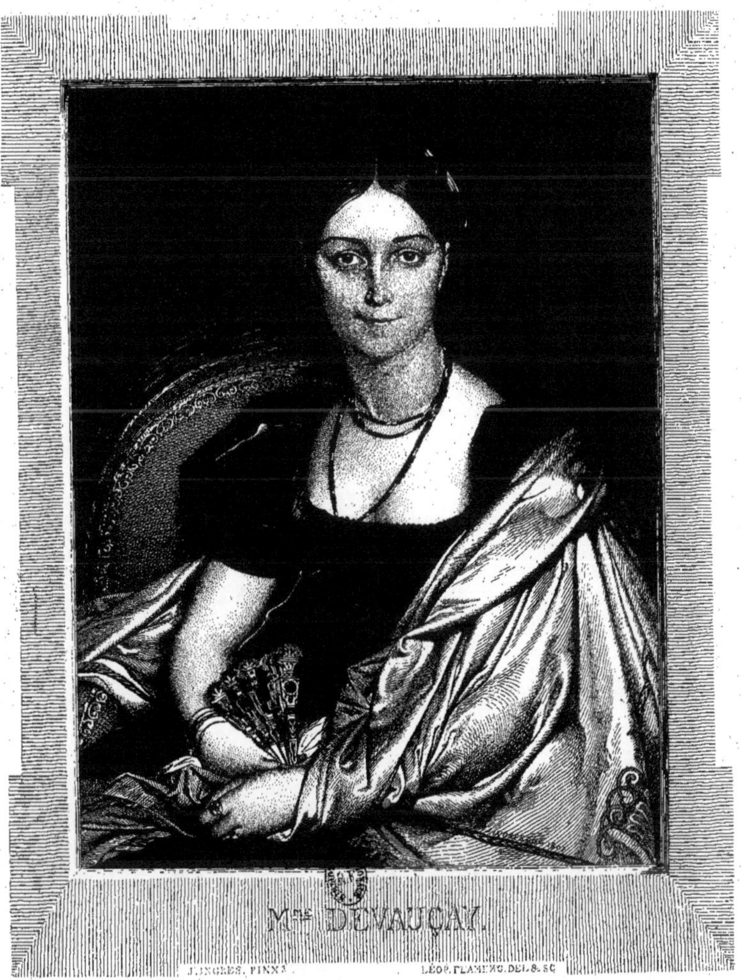

J. INGRES. PINX.   LÉOP. FLAMENG. DEL. & SC.

Imp. Tancur. Paris.

ranime les espérances un peu découragées par le mérite trop modéré de tout le reste... Je ne sais quel souvenir des grands artistes vous saisit à l'aspect de ce tableau; j'y retrouve cette puissance sauvage, ardente mais naturelle, qui cède sans effort à son propre entraînement..» On est, il faut l'avouer, un peu déconcerté de lire en tournant la page de la brochure[1], que « MM. Drolling, Dubufe, Cogniet et Destouches », forment avec Delacroix « une génération nouvelle » et « marchent avec le siècle vers le but que l'avenir leur présente ».

En dépit de ce que ces rapprochements pouvaient avoir d'inquiétant et de quelques réserves sur la couleur « un peu crue », c'était là toutefois un beau témoignage, un encouragement inespéré pour le jeune artiste qui avait attendu plein d'angoisse l'ouverture du Salon. Ce tableau l'avait « hanté comme un spectre »; au moment de l'exposer, il avait dû fabriquer lui-même avec l'aide d'un menuisier compatissant un cadre économique, ses ressources ne lui permettant pas d'en acheter un neuf, — et dans le trajet de l'atelier au Louvre (où se tenait alors le *Salon*), le cadre avait été brisé !... Quels ne furent pas son étonnement et sa joie, le jour de l'inauguration, de revoir sa toile, en belle place et magnifiquement encadrée... C'était le baron Gros qui était intervenu en faveur de l'œuvre et de l'ouvrier. Il ne connaissait pas l'auteur; mais le tableau lui avait plu [2].

On devine avec quelle reconnaissante émotion, Delacroix se précipita chez le maître pour le remercier. « Vous avez fait là un chef-d'œuvre, lui dit l'auteur de la *Peste de Jaffa* et du *Champ de bataille d'Eylau*, et probablement sans le savoir, car vous êtes trop jeune pour comprendre le mérite et la portée de votre œuvre : c'est du Rubens réformé... Mais vous ne savez pas dessiner mon ami, vous *bousillez*, il faut venir chez nous; on vous apprendra à châtier un peu vos

---

1. *Salon de mil huit cent vingt-deux...* orné de cinq lithographies représentant la *Corinne au cap Misène* et divers tableaux choisis dans chaque genre, par M. A. Thiers. Paris, 1822, in-8°... p. 56;8.

2. Ces détails ont été donnés par Alexandre Dumas qui les tenait de Delacroix lui-même, dans une *Causerie sur Eugène Delacroix*, parue au lendemain de la mort du peintre. Charles Blanc les a confirmés dans *Les Artistes de mon temps* (Firmin Didot, 1876, in-8°).

contours, à modeler vrai, à voir juste... » Delacroix s'inclinait, silencieux et, tandis que Gros parlait, de l'œil il dévorait ces chefs-d'œuvre, précurseurs de ceux qu'il portait lui-même dans son cœur, *Jaffa*, *Eylau*, — doublement *suspects* alors à la Restauration et à l'École académique. — Il resta trois heures à les admirer, et c'est dans cette séance, pour lui inoubliable, qu'il conçut, — devant la *Peste de Jaffa*, — la première idée du *Massacre de Scio* [1].

Quant aux reproches que Gros lui adressait sur son dessin, Delacroix ne passait pas condamnation; il protestait intérieurement; et, s'il n'osait rien répondre au maître, il écrivait plus tard sur ses *agendas* : « J'aurais pu dessiner maints détails beaucoup mieux que je ne l'avais fait, me disait-on; mais j'étais là-dessus sans remords, ayant produit en somme l'effet que je voulais produire. Au lieu de raisonner, je suivais mon instinct. En même temps que *Dante et Virgile*, j'avais fait un *Don Quichotte*. Celui-là, je l'avoue, je l'avais peint avec *raison*; mais je n'aime pas la peinture raisonnable. Il faut, je le sais, que mon esprit brouillon s'agite, fasse et défasse, essaie sa manière avant d'arriver au but dont le besoin me travaille. Recueille-toi profondément devant ta peinture, me disais-je, et ne pense qu'à Dante. »

Le *Massacre de Scio* parut au Salon de 1824. L'attention publique se portait alors avec une ardente sympathie du côté de la Grèce; — les poètes, Casimir Delavigne, Victor Hugo chantaient, sur leurs lyres inégales, les exploits et les malheurs de la terre héroïque et sacrée. Le sujet tenta Delacroix et il s'y mit avec un bel enthousiasme. « Mais jamais, disait-il dans la suite, jamais il n'entreprit un travail qui, à un certain moment, ne lui ait semblé désespéré. » Pendant qu'il travail-

---

1. La *Barque de Dante* fut achetée par l'administration. On trouve dans la *Correspondance* de Delacroix cette lettre au comte de Corbin (1er juin 1822) : « Monsieur le comte, je m'étais présenté chez vous ce matin, pour répondre de vive voix à la lettre que vous m'avez fait l'honneur de m'écrire hier et dans laquelle vous demandez le prix de mon tableau. Je désirerais en avoir 2,400 francs. Si cependant vous trouviez ma demande exagérée, je m'en rapporte entièrement à ce que vous jugerez convenable et possible en cette circonstance. J'ai trop à me louer de votre active bonté pour récuser votre propre jugement sur le prix d'un ouvrage que vous voulez bien voir avec intérêt et que vous avez distingué de la foule... »

lait et qu'avec son modèle préféré il ébauchait le torse de la jeune
femme attachée à la croupe d'un cheval, des amis entrèrent dans son
atelier; leurs remarques ne furent sans doute pas pour l'encourager :
« ... Comme ils ont traité *ma* pauvre ouvrage qu'ils ont vu justement

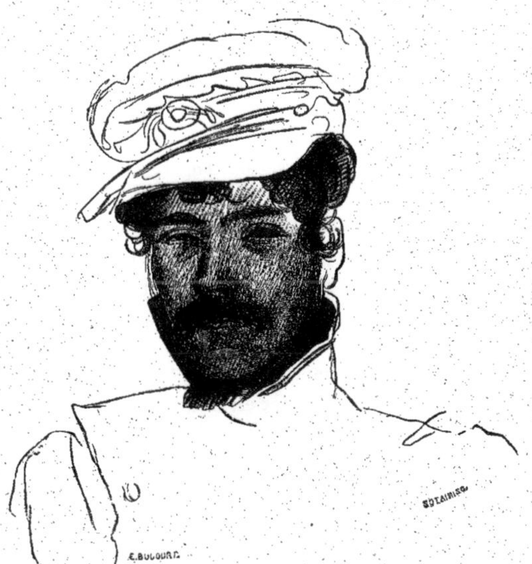

EUGÈNE DELACROIX EN COSTUME DE VOYAGE.
(*Extrait de ses albums au Maroc.*)

dans le moment de tripotage où moi seul je peux augurer quelque
chose. Comment! il faut que je lutte contre la fortune et contre la
paresse qui m'est naturelle, il faut qu'avec de l'enthousiasme je gagne
du pain, et des b.... comme ceux-là viendront justement dans ma
tanière, glacer mes inspirations dans leur germe et me mesurer avec
leurs lunettes, *eux qui ne voudraient pas être Rubens!...* A leur départ,
j'ai soulagé mon cœur par une bordée d'imprécations à la médio-

crité, et puis, je suis rentré sous mon manteau... » C'est sans doute
à dater de ce moment qu'il prit la résolution dont il ne se départit plus
que pour de bien rares privilégiés, de fermer sévèrement la porte de
son atelier et de n'admettre personne dans l'intimité de son travail. Il
avait besoin de silence et de solitude.

Quelque temps après cette visite malencontreuse, il écrivait encore :
« Mon tableau acquiert une torsion, un mouvement énergique qu'il
faut absolument compléter. Il y faut ce beau noir, cette heureuse saleté
et ces membres, comme je sais et comme peu en cherchent... »

Cette heureuse saleté ! Le mot donne à penser qu'il avait usé et
abusé du bitume et des noirs, car il s'aperçut en revoyant son *Massacre*
au Salon, que sa « peinture était grise et terne » ; et il s'en aperçut
avec une déception d'autant plus pénible qu'à cette même exposition
figuraient quelques paysages de Constable... Il sollicita alors et il obtint
du comte de Forbin l'autorisation de reprendre, au Louvre même, son
tableau, et, sous l'impulsion des Constable, il se mit, dans la salle des
antiques, à le repeindre de pied en cap. « Ah ! dit-il, je m'en donnai là
toute une quinzaine, employant les couleurs les plus vives et me rap-
pelant mon point de départ, c'est-à-dire les gouttes d'eau tant cher-
chées pour *Dante et Virgile.* »

On sait le résultat et comment il encadra la scène de carnage et de
deuil dans la splendeur dorée d'un paysage oriental. Il y fit vibrer la
couleur avec une plénitude triomphale et il exprima en même temps
avec une force dramatique singulière le morne désespoir des vaincus.
Sous le ciel bleu, çà et là voilé de nuages roux, les terrains sablés d'or
s'enlèvent et fuient à l'horizon ; des masses confuses de cavaliers
apparaissent et des fumées d'incendie montent dans le lointain. Au
premier plan un groupe de captifs et de blessés attend, les yeux rougis,
les visages contractés, la mort ou le bon plaisir du vainqueur.

C'était plus de *laideurs* que n'en pouvait supporter le goût des juges
délicats et des classiques modérés. Delécluze se demandait, — sans
trouver d'ailleurs de réponse à sa question ! — « quels motifs avaient pu
déterminer M. Delacroix à traiter le sujet du *Massacre de Scio* dans un

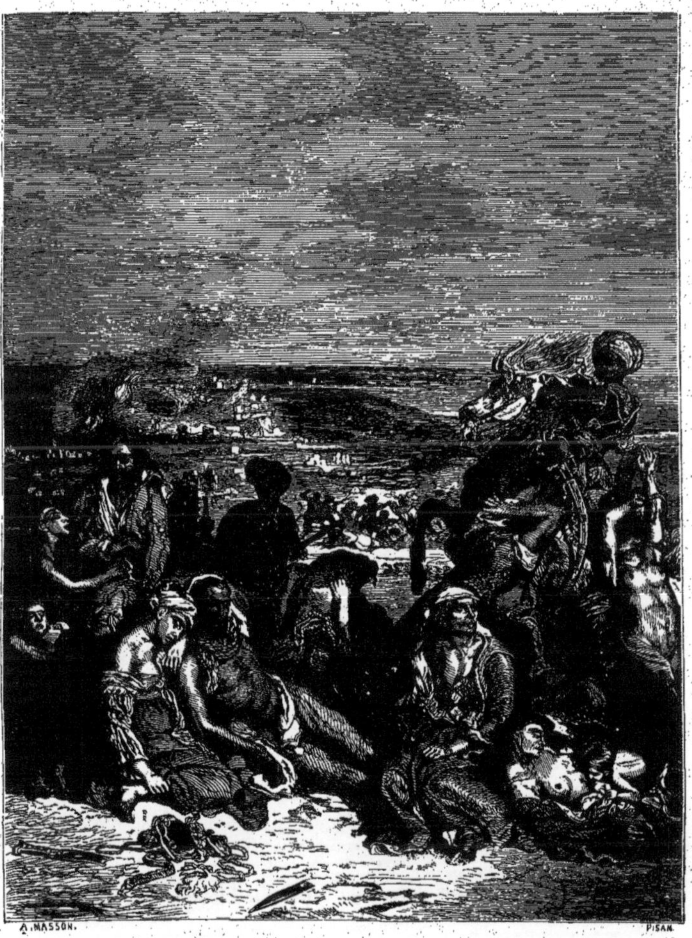

« Le Massacre de Scio », tableau d'Eugène Delacroix.

mode aussi terrible ». Sans doute, « cette expression de la souffrance,
rendue avec une recherche fatigante pour le spectateur, prouve que le
peintre sent vivement et a une aptitude naturelle à peindre ses idées »,
mais son « incorrection fougueuse » et surtout sa « prétention à faire
le laid » devaient rebuter tous les gens de goût, car « dans l'exercice
d'un art qui, en dernière analyse, est fait pour plaire, le bon goût, le
bon sens ne permettent pas d'employer des formes qui déplaisent,
repoussent, font horreur ».

Ces quelques lignes résument toutes les objections et les critiques
que l'opinion moyenne opposera jusqu'à la fin à Delacroix. Tous ceux
qui recherchent dans l'art l'agrément et qui ne peuvent comprendre
ou accepter que l'artiste moderne se fasse artisan de passion plus que
de beauté, multiplieront contre lui les sarcasmes ou les injures, comme
plus tard, à l'heure de la réaction *réaliste,* tous ceux qui prétendront
que l'artiste doit être un collectionneur de *documents* et un ouvrier de
vérité reprendront avec quelques variantes, contre le lyrisme des
romantiques, toutes les accusations des purs classiques !

Quant à Delacroix, son parti était pris. Il devait obéir à la voix
du démon intérieur, peindre pour soulager son cœur et apaiser la
fièvre brûlante qui faisait trembler sa main, rester jusqu'à la fin, à
travers bien des déboires, des angoisses et d'inévitables défaillances,
l'interprète des poètes, le peintre de l'âme contemporaine, de *l'âme*
plus que de la vie. Une seule fois, il parut attentif aux spectacles de
la rue : ce fut pendant les journées de Juillet, tandis que grondait
l'émeute et que le drapeau tricolore flottait pour la première fois
au-dessus des barricades. Mais, en dépit des combattants *réalistes,*
ouvriers, bourgeois et gavroches,

> Bouches, aux vils jurons,
> Qui mâchaient la cartouche et qui, noires de poudre,
> Criaient aux citoyens : « Mourons ! »

en dépit même de la virago symbolisant la Liberté,

> ... Forte femme, aux puissantes mamelles,

le véritable *personnage* du tableau, c'est le drapeau, ce sont les trois

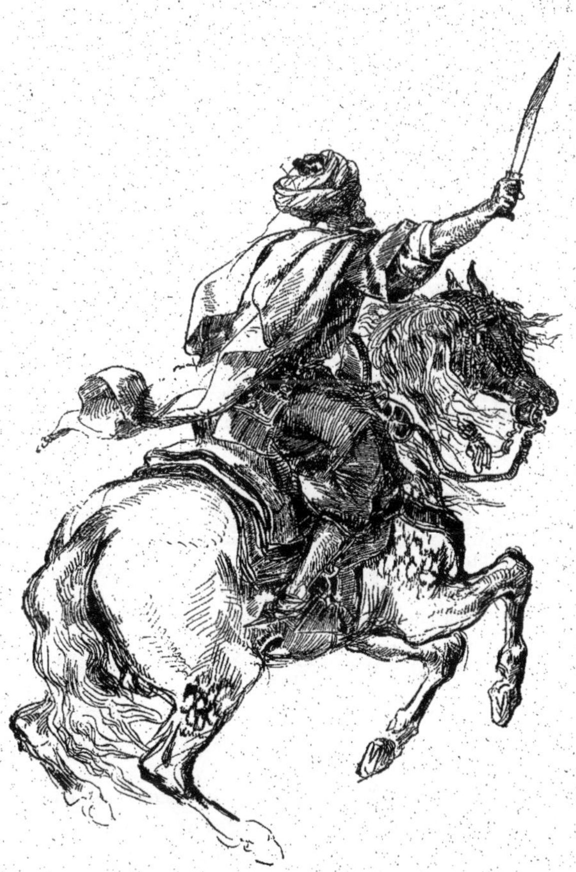
« Cavalier arabe », dessin d'Eugène Delacroix.

couleurs étalées dans la fumée et l'atmosphère lourde, éclatant comme un strident appel de clairon au milieu de l'ardente symphonie.

« Que je voudrais être poète ! » lit-on sur une page de ces *agendas*. «Mais au moins produis avec ta peinture; fais-la naïve et osée ! » Ce vœu fut exaucé : sa peinture est, si l'on peut dire, chargée de poésie; mais il faut ajouter que, doué d'une âme de poète, il concevait en peintre. Il ne fit pas, comme tant d'autres, comme Delaroche ou Scheffer, par exemple, des *traductions* plus ou moins littérales et laborieuses; l'idée ou l'émotion se résolvait chez lui en images; elle surgissait revêtue déjà de la forme plastique; c'était dans son esprit et dans ses yeux comme une même évocation, une opération simultanée; on devrait pouvoir dire qu'il pensait en couleurs ! Ce que le musicien entend, il le voyait.

La scène ou le drame évoqués dans son imagination, lui apparaissaient dans une sorte de brume ardente où les lumières et les reflets accusaient les reliefs et modelaient par grandes masses les parties. Les couleurs n'étaient pas pour lui une addition, un ornement; il ne les étendait pas après coup, « comme on met de la nonpareille sur un gâteau bien cuit »; elles constituaient la manière d'être du sujet, elles faisaient partie intégrante du drame; elles en étaient comme les acteurs triomphants ou déplorables, gémissants ou radieux. Il en avait à la fois l'intuition la plus géniale et la science la plus précise; il les maniait comme un grand symphoniste son orchestre. Ce n'est pas à lui qu'il eût fallu répéter ce mot invraisemblable d'Ingres : « Le reflet est indigne de la peinture d'histoire ! » ou encore : « Messieurs, le reflet, *le chapeau à la main*, doit toujours être prêt à sortir d'un tableau au moindre signe ! »

Le reflet! mais c'était, pour lui, presque toute la peinture. Les tons se décomposent à toute heure et le reflet ne se sépare pas du relief comme la ligne ne se sépare pas du modelé. « M. Ingres, disait-il à George Sand [1], croit que la couleur est faite pour embellir; il ne sait pas qu'avant tout elle est faite pour animer... Il ne se doute pas que

1. Voir *Impressions et Souvenirs*, janvier 1841. (Paris, Calman Lévy.)

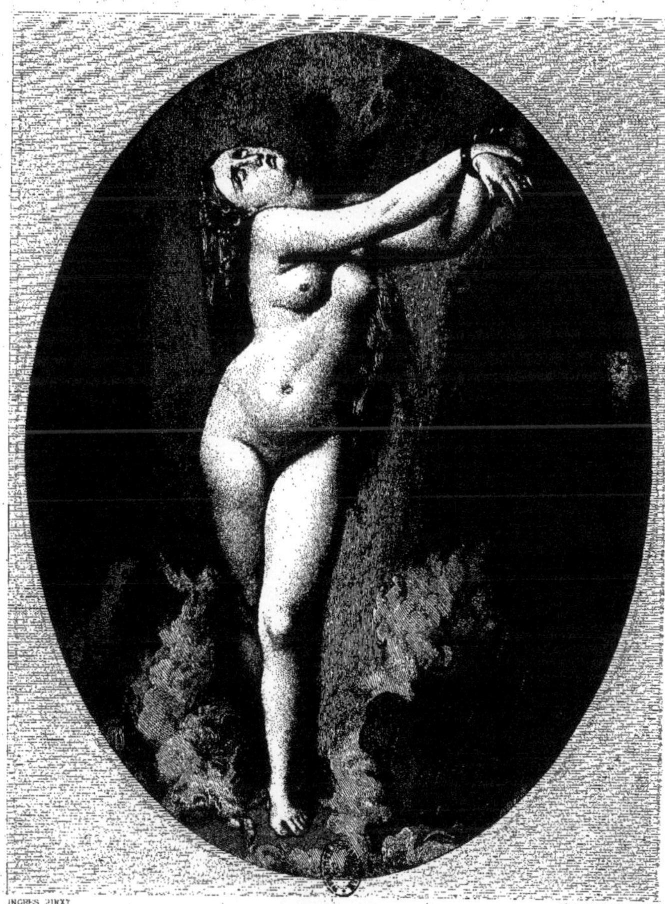

L'ANGÉLIQUE

(MUSÉE NATIONAL DU LOUVRE)

Imp. Tancur, Paris.

tout est reflet dans la nature, que toute la couleur est un échange de reflets. Il a semé dans la *Stratonice*, sur tous les objets qu'il a fait poser devant lui, de petits compartiments de soleil qu'on dirait saisis au daguerréotype, et il n'y a ni soleil, ni lumière, ni air dans tout cela ! »

C'est que l'harmonie en peinture, comme en musique, ne consiste pas seulement dans la constitution des accords, mais encore dans leurs relations, dans leur succession logique, dans leur enchaînement, dans leurs reflets ! Et, reprenant avec Maurice Sand sa démonstration, Delacroix lui disait : « Tiens, donne-moi ce coussin bleu et ce tapis rouge, place-les côte à côte. Tu vois que là où les deux tons se touchent, ils se *volent* l'un l'autre. Le rouge devient teinté de bleu, le bleu devient lavé de rouge et, au milieu, le violet se produit. Tu peux fourrer dans un tableau les tons les plus violents; donne-leur le reflet qui les relie, tu ne seras jamais criard. Ni la lumière qui frappe le contour, ni l'ombre qui glisse dessus n'ont de points d'arrêt saisissables. Si vous dessinez un corps nu, une figure, une main, c'est bien autre chose. La chair est une buveuse de lumière et une échangeuse de reflets inépuisable... Voyez un enfant nu de Rubens, c'est de l'arc-en-ciel fondu sur la chair, l'éclairant et le pénétrant, lui donnant l'éclat, le relief, la circulation, la palpitation, la vie sortant à pleins bords de la toile !... »

Voilà ce que peut dire un cœur vraiment épris.

Pour arriver à la prise de possession complète et à la maîtrise absolue de cette langue pittoresque des couleurs, pour la plier à toutes les nuances du rêve intérieur, il fut, on peut dire, toujours à l'affût, enrichissant par des observations constantes, par des comparaisons répétées les révélations et les divinations supérieures de son instinct. Tous ceux qui l'ont connu ont été frappés, comme lady Eglé Charlemont, de « ce clignotement chronique de l'œil, enfermé, reculé sous l'orbite, à l'ombre de forts sourcils noirs, qui devait faire continuellement osciller devant le peintre la ligne des objets et ne laisser entrer que des couleurs dans son regard ».

Il mettait à profit, pour cette œuvre, les moindres circonstances : ses visites dans les musées, ses journées de repos à Champrosay, ses soirées au théâtre[1], ses courses dans la rue; la création lui apparaissait comme un jeu sublime de couleurs et de reflets, et sur la grande palette de l'univers, il composait sa propre palette. Il attachait une importance extrême à sa préparation; c'était pour lui l'affaire capitale : « Elle me donne appétit au travail, disait-il, les bons outils m'excitent... Dans la vue seule de sa palette, le peintre, comme le guerrier dans celle de ses armes, puise confiance et audace. » Il les voulait, ses palettes, en bois clair, légères à la main, d'abord en citronnier, puis en marronnier, bois encore plus léger, plus demi-teinte, — et il les faisait vernir au copal.

On peut suivre dans son œuvre la série de ses tâtonnements, de ses tentatives, de ses études et de ses conquêtes. On a vu comment pour le *Massacre de Scio*, la rencontre d'un paysage de Constable, avec ses verdures franches et ses transparences d'atmosphères, l'avait déterminé à reprendre, au dernier moment, et à transformer ce qu'il avait fait d'abord, sans doute sous l'impression combinée des *Pestiférés* de Gros[2] et des tableaux de Géricault.

---

1. Il écrivait sur un *agenda* en rentrant de l'Opéra : « Vu les *Puritains*... Le clair de lune de la fin est magnifique... Ce sont des teintes très simples, je pense, de noir, de bleu et peut-être de la terre d'ombre, seulement bien entendues de plans... La terrasse, qui figure le dessus des remparts, ton très simple avec rehauts très vifs de blanc figurant les intervalles du mortier dans les pierres. La détrempe prête admirablement à cette simplicité d'effet, les teintes ne se mêlant pas comme dans l'huile. Sur le ciel, très simplement peint, il y a plusieurs tours ou bâtiments crénelés, se détachant les uns sur les autres par la seule intensité du ton, les reflets bien marqués; et il suffit de quelques touches de blanc, à peine modifié, pour les clairs. »

2. Voici ce que raconte Alexandre Dumas, dans sa *Causerie* sur Eugène Delacroix : « Pendant l'exposition de 1824, Delacroix me rencontra ou plutôt me trouva devant son tableau du *Massacre de Scio*. Il était fort aigri par la critique : car, disons-le en passant, la critique le préoccupait énormément. « Ah! ah! me dit-il en passant son bras sous le mien, vous regardez *cela* vous? — Oui, et même je trouve cela fort beau. — Vraiment? — Sur l'honneur. — Mais, mal dessiné, hein? — C'est une banalité et vous ne me croyez pas capable de répéter une banalité; seulement... — Quoi? (Je coupe toute une partie du dialogue... Alexandre Dumas *mettait en scène* et arrangeait toutes ses anecdotes.) — Eh bien, mon cher, je vois dans le livret *Une scène des massacres de Scio*. — Oui. — Mais je ne sache pas qu'il y ait eu de peste à Scio! — Delacroix me regarda tout étonné et avec un tressaillement nerveux : — Chut! me dit-il, en appuyant son bras sur le mien; vous avez frappé juste sur le clou, vous, tandis que tous les autres ont frappé à côté. C'est devant les *Pestiférés de Jaffa* que m'est venue la première idée de mon *Massacre*; j'ai mal lavé la palette de Gros, seulement il ne faut pas le dire! »

Les peintres anglais, et surtout les aquarellistes Varley, les deux
Fielding, et les blondes marines de Bonington, « ce grand adolescent

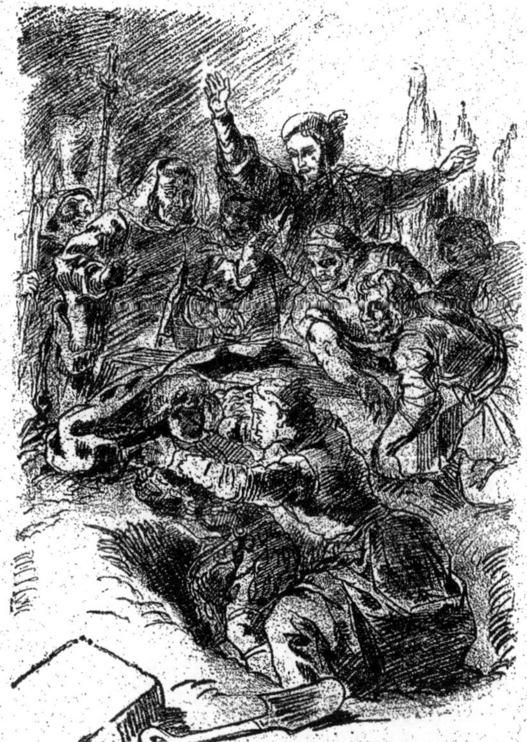

LUTTE D'HAMLET ET DE LAERTES, DESSIN AU CRAYON, PAR EUGÈNE DELACROIX.

en veste courte », qu'il se rappelait avoir souvent rencontré au Louvre
en sa jeunesse, eurent ensuite sur lui une grande influence et lui révé-

lèrent une manière de peinture claire dont on retrouve la préoccupation dans le *Bûcher de Sardanapale* (1827), et le *Combat de giaours* (1826) — et aussi dans une série trop peu connue d'admirables aquarelles, transparentes, légères, enlevées du bout du pinceau chargé d'eau colorée.

Ses lettres d'Angleterre, où il fit à cette époque un voyage de quelques semaines, reviennent souvent sur ses visites dans les ateliers de Wilkie, Lawrence, Ettie, des Fielding; sur son admiration pour Constable et Gainsborough. Il rapporta, d'ailleurs, de cette promenade, un goût très vif pour les choses d'Angleterre en général, sans excepter les vêtements et les tailleurs, admirables, disait-il à Chopin, pour fournir « des habits très chauds qui ne soient pas lourds ». C'est sous l'impression toute fraîche de ces souvenirs qu'il peignit son *Sardanapale*, un de ses tableaux à la fois les plus laborieux et les plus contestés, — et dont il existe une réplique, beaucoup plus petite et charmante. Il voulait y maintenir une grande « fraîcheur et blondeur de coloration » et comme des fluidités d'aquarelle; il l'ébaucha d'abord à la détrempe, puis fit une série d'études au pastel, qu'il consultait sans cesse au cours de son travail, pour se mettre en garde contre les changements que la peinture à l'huile pouvait faire subir à la détrempe... Malheureusement, cette immense composition qui lui avait coûté tant de peines, de tourments et rapporté plus de sarcasmes que d'argent, eut beaucoup à souffrir des conditions dans lesquelles elle avait été faite et aussi de l'humidité de la salle, où l'un de ses propriétaires successifs (M. Wilson) l'avait placée dans son château de Brière. L'action de la peinture à l'huile sur l'ébauche en détrempe amena des détériorations et des craquelures; les glacis et les repeints étaient au bout de quelques années dans un état pitoyable; l'humidité avait même pourri, par endroits, les coutures de la toile, — si bien que la tête du cheval au pied du bûcher, le nègre qui l'immole, la main de l'esclave qui le poignarde et les deux femmes égorgées au premier plan étaient coupées en deux sur une largeur de quatre centimètres... C'est P. Andrieu, élève de Delacroix, son « clerc », comme l'appelait celui-ci, qui fut chargé de le remettre en état.

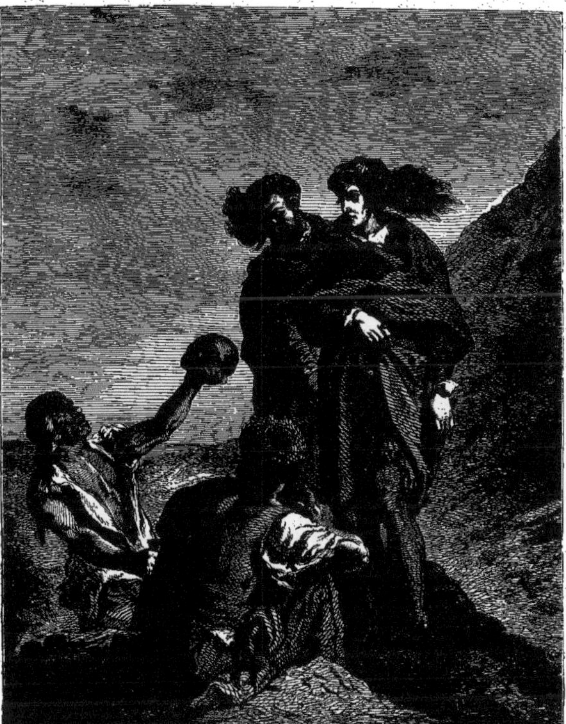

Hamlet au cimetière, tableau d'Eugène Delacroix.

Pour la première fois, en peignant cette immense toile, Delacroix sentit s'éveiller dans son cœur le désir et l'ambition de la grande peinture décorative, des larges espaces à couvrir où son imagination pourrait se donner libre carrière; mais l'insuccès violent qu'il rencontra n'était pas pour lui amener alors de pareilles commandes.

Dès le *Massacre de Scio*, la rupture avait été définitive entre les classiques et lui. Ceux mêmes qui l'avaient d'abord soutenu et encouragé, le renièrent. Gros, effrayé par les audaces de son protégé, intimidé sans doute par les protestations courroucées de ses confrères de l'Institut, rompit brusquement avec ce compromettant admirateur : « Ce n'est pas le *Massacre de Scio*, c'est le massacre de la peinture », dit-il. — Gérard, qui l'avait aussi patronné, s'écria : « C'est un homme qui court sur les toits ». — Et un critique influent, résumant l'opinion des plus courtois parmi les adversaires, écrivait quelque temps après, à propos de l'exposition au profit des Grecs, où Delacroix avait envoyé la *Grèce debout sur les ruines de Missolonghi* : « Le talent se laisse apercevoir çà et là et lutte d'une manière singulière avec la bizarrerie systématique et le faire désordonné de l'artiste, comme on voit des lueurs de raison, quelquefois même des éclairs de génie, percer déplorablement dans les discours de l'insensé ! » et il ajoutait, en terminant, ce regret bienveillant et naïf : « Certes, c'est grand dommage que l'inventeur d'un tel tableau ne soit pas né quelques vingt ans plus tôt, au temps de cette sage et savante école de David ! » Ceux qui n'avaient pas de ménagements à garder l'accusaient simplement de peindre « avec un balai ivre » !

En même temps que le *Sardanapale*, Delacroix avait envoyé au Salon de 1827, des *Chevaux de ferme anglais*, un *Jeune Turc caressant son cheval*, *Tête d'étude d'Arlésienne*, le *Combat du giaour et du pacha*, *Milton soigné par ses filles*, le *Docteur Faust dans son cabinet voyant apparaître Méphistophélès*, le *Doge Marino Faliero décapité*, enfin le *Christ au jardin des Oliviers*, d'abord commandé à Robert Fleury, lequel, pris par d'autres travaux, obtint, non sans beaucoup de démarches et de peines, du comte de Rambuteau, préfet de la

Seine, que l'exécution en fût confiée à Delacroix. Paul Huet peignit
une partie du paysage. Ce fut le premier essai de Delacroix dans la
peinture religieuse, qui devait lui inspirer quelques-unes de ses plus
belles œuvres. — Le tableau, payé 6,000 francs, fut attribué à l'église
Saint-Paul-Saint-Louis, où on le voit encore.

Delacroix aimait à raconter que c'est en peignant le *Marino Faliero*
qu'il découvrit et formula avec une rigueur scientifique, pour son
usage personnel, la loi des complémentaires et du contraste simultané.

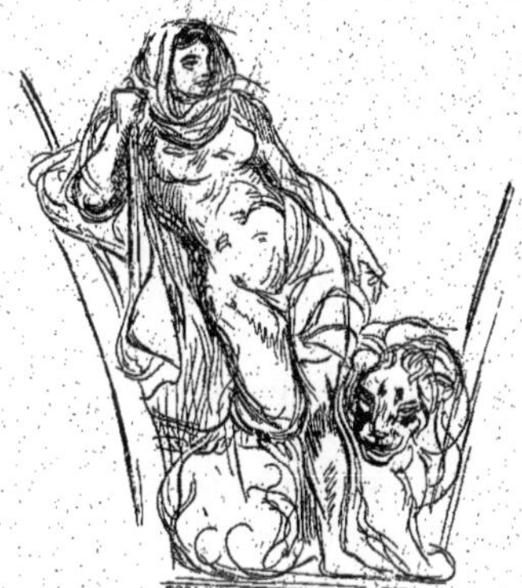

« LA FORCE », CROQUIS D'EUGÈNE DELACROIX.

Il avait eu beau employer pour les manteaux du doge et des sénateurs
les jaunes les plus éclatants, ses manteaux restaient ternes. Il résolut
d'aller, comme il faisait dans les moments de grand embarras, demander conseil à Rubens au Louvre et envoya sa gouvernante chercher
un *cabriolet*. On lui en amena un peint en *jaune serin*. Au moment
d'y monter, il remarqua que les ombres, près des jaunes exaltés,
étaient violettes ; il n'alla pas plus loin. Il avait trouvé ce qu'il cherchait,
et la loi des complémentaires venait, du même coup, de lui être révélée ;
il savait comment il faut opposer les jaunes aux violets, les rouges aux

verts, les bleus aux orangés, — les couleurs primitives aux *binaires*.
— Il se procura dès lors des pains à cacheter de grande dimension;
il les avait toujours à sa portée et, « comme il peignait debout pour
pouvoir reculer à chaque instant et ne jamais perdre son ensemble, il
plaçait rapidement de son doigt mouillé une suite de tons qu'il regardait à distance, d'un œil clignotant », et il en vérifiait à son gré, à
chaque combinaison nouvelle, la valeur, la qualité et l'harmonie.

Nul, on le voit, ne réunit à un égal degré la chaleur de l'enthousiasme et la rigueur méthodique du travail. Dans sa fièvre d'inspiration,
il conservait une raison toujours présente, — il ne livrait rien au hasard.
« Les grands génies ont rarement improvisé, écrivait-il peu de temps
avant sa mort, dans un article sur Charlet[1]... Eh quoi! *improviser!*
c'est-à-dire ébaucher et finir dans le même temps, contenter l'imagination et la réflexion du même jet, de la même haleine, ce serait pour
un mortel parler la langue des dieux, comme sa langue de tous les
jours! Connaît-on bien ce que le talent a de ressources pour cacher
ses efforts. Qui pourra dire ce que tel passage admirable a coûté? »

Il fallait insister sur cette partie qu'on peut appeler scientifique de
la peinture de Delacroix. On l'a trop souvent considéré comme un
improvisateur à demi halluciné. Sans doute, il travaillait dans la
fièvre : « si je ne suis pas agité comme le serpent dans la main de la
Pythonisse, écrivait-il un jour, je ne fais rien de bon, il faut en prendre
mon parti! » la présence du *modèle* même l'importunait et le gênait;
« il nous vulgarise et nous assoupit », disait-il; mais il avait une con-
naissance approfondie des moyens qu'il mettait en œuvre et c'est par
d'incessantes enquêtes et de rigoureuses méthodes qu'il alimentait le
réservoir sans cesse renouvelé, le répertoire magnifique de formes et
de couleurs où il puisait aux heures d'inspiration féconde et d'ardente
création.

Ainsi outillé, il pouvait se livrer à son génie. Sa fécondité fut
extraordinaire. Sans prétendre analyser ni même citer tous ses
tableaux, nous passerons rapidement en revue les plus caractéristi-

[1]. *Revue de Paris*, 1862.

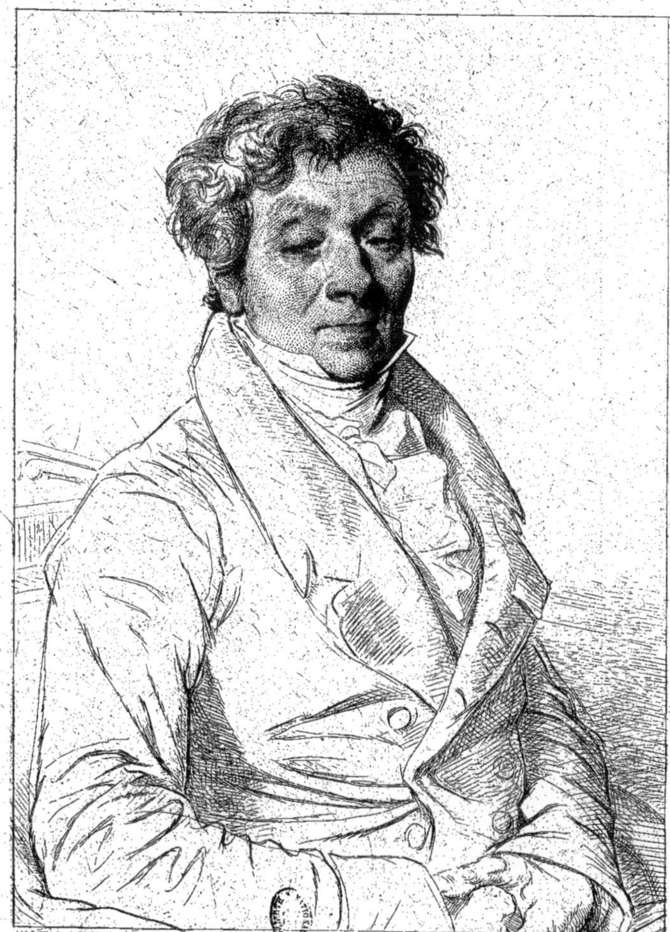

A. TARDIEU

(MUSÉE NATIONAL DU LOUVRE)

Imp Tanteur Paris

ques et pour la commodité de l'exposition nous les classerons par série
de sujets en suivant autant que possible l'ordre chronologique.

Les poètes, nous l'avons dit, lui inspirèrent une grande partie de
son œuvre et nous avons indiqué comment et pourquoi il se montra
leur frère et leur égal, comment il était prédestiné à cette collaboration,
d'où tant de chefs-d'œuvre sont sortis. Après Dante il vint à Gœthe :
Docteur Faust, 1827, *Gœtz de Berlichingen*, la *Mort de Valentin*, et
la série des *lithographies*, qui *datent* si curieusement aujourd'hui et où
l'on peut voir comment, dans les moindres indications de son dessin,
le coloriste se révèle. Il évoque l'image plus qu'il ne la fixe. Le trait
tantôt délié, tantôt élargi et engraissé, tantôt interrompu, tantôt
acharné, redoublé et repris, fait apparaître par grandes masses des formes inquiètes et agissantes, troublées et enfiévrées. On devine autour
d'elles une atmosphère surchauffée; on voit apparaître confusément
tout ce qui, dans l'œil et l'imagination du peintre, constituait la
scène entière et dont le dessin ne peut exprimer qu'un des éléments.
Certes, il est facile aux professeurs d'y reprendre des *exagérations*
de geste, des *manques de proportions* (souvent voulus, nécessaires à
l'expression rêvée, — on en trouverait maints exemples chez les plus
grands maîtres)[1], — de redresser les lignes qui chavirent et semblent
prises de folie furieuse... Ce n'est pas à Delacroix qu'il faut demander
d'emprisonner dans un contour tyrannique et précis ce qui passait
dans le champ de sa vision. Lui reprocher de n'avoir pas été un tranquille calligraphe, c'est ne rien comprendre à son génie. Sous son
crayon, comme sous son pinceau, s'allumait une flamme de vie.

Avec ces dons, on devine qu'il excellait à peindre les foules remuantes et passionnées. Un de ses critiques lui reprochait d'avoir
mis « trop de foule » dans le *Boissy-d'Anglas* (1831), qu'il fit peu de
temps après la *Barricade* et où il voulut justement exprimer l'invasion
de la populace grouillante et déchaînée. C'est de la même année éga-

---

[1] Il écrivait à propos de Michel-Ange : « C'est une grande question, qui a été beaucoup agitée,
« et qui le sera tant qu'il y aura des esprits calmes et des esprits faciles à exalter, la question
« de savoir si les défauts déparent une œuvre de génie... ou si la correction donne à une œuvre
« de médiocre conception un degré de mérite suffisant. »

lement que datent l'*Assassinat de l'évêque de Liège*, dont le sujet est
emprunté au *Quentin Durward* de Walter Scott. « Guillaume de la
Mark, surnommé le sanglier des Ardennes, s'est emparé du château
de l'évêque de Liège, aidé des Liégois révoltés. Au milieu d'une
orgie, dans la grande salle du palais, placé sur le trône pontifical, il
se fait amener l'évêque, revêtu par dérision de ses habits sacrés, et le
laisse égorger en sa présence. » Voilà le *thème*. Le tableau est du meilleur Delacroix. Il est là tout entier avec ses nerfs, ses intuitions
géniales, ses emportements et sa science.

Cette salle de banquet, avec son atmosphère lourde traversée de
sombres lueurs léchant les hautes boiseries, a des airs de caverne; la
foule de convives et d'assassins qui s'y entasse vit, frémit et crie;
chaque geste traduit un tempérament ou exprime une passion. La
bestialité féroce des buveurs gorgés, l'abrutissement des uns, la gesti-
culation furieuse des autres, la bousculade de la bande qui vient
d'entrer à la suite de l'évêque; la poussée des convives assis au bout
de la table et se pressant pour mieux voir la victime amenée; l'attitude de Guillaume, les deux poings lourdement posés sur la table, à
demi soulevé, accroupi sur son trône comme un fauve dans son repaire,
contemplant silencieusement sa proie; le beau geste des bras ouverts
de l'évêque, le tête-à-tête dramatique de ces deux hommes à travers
la table chargée de flambeaux qui projettent sur les visages, les
armures, les coupes, les orfèvreries et les cristaux de vacillantes
lueurs rembranesques, tout est évoqué dans une inoubliable vision.

Mais plus que Gœthe, que Dante, que Walter Scott surtout,
ou Burns, à qui il emprunta *Tam O'Shanter* (la ballade du villageois
poursuivis par des sorcières), c'est à Shakespeare et à Byron que
Delacroix est revenu le plus souvent, avec une prédilection singulière.

Don Juan (1824); la *Mort d'Hassan* (1827); le *Prisonnier de
Chillon* (1834); *Hamlet et Horatio* (1835); *Hamlet et les fossoyeurs*
(1836), — sujet repris plusieurs fois avec quelques variantes [1]; —

---

1. Dans le tableau de 1836, Hamlet est assis sur le bord de la fosse et tient le crâne d'Yorick;
au fond, mur du cimetière. — Dans le tableau de 1839 (dont il existe des réductions avec

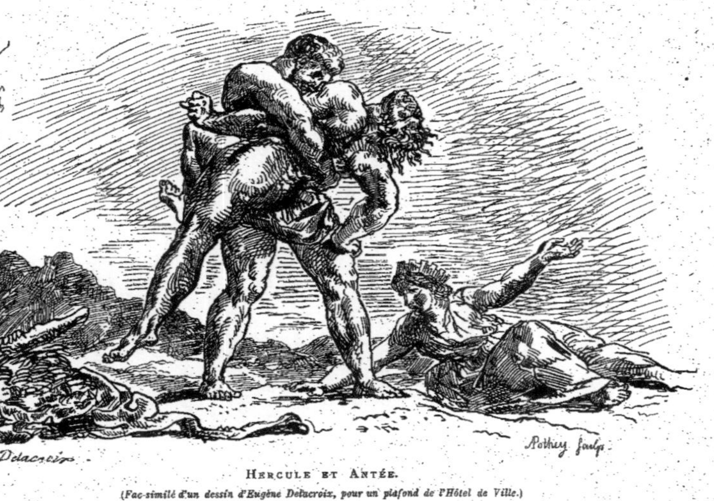

Eug. Delacroix.   Pothey sculp.

HERCULE ET ANTÉE.

(Fac-similé d'un dessin d'Eugène Delacroix, pour un plafond de l'Hôtel de Ville.)

Hamlet hésitant à tuer le roi, les *Adieux de Roméo et de Juliette* (1845); *Desdémone aux pieds de son père* (1847); la *Mort de Lara*, le *Giaour* (1850); *Lady Macbeth*, les *Sorcières de Macbeth*, *Hamlet et Fabricius*, *Othello et Desdémone*, la *Fiancée d'Abydos*, la *Mort d'Ophélia*, etc..., voilà, sans compter la série des lithographies [1] d'*Hamlet*, les principales œuvres que lui inspirèrent ses poètes préférés. Jamais interprétation plus vibrante ne fut imaginée, jamais incarnation plus vivante ne fut réalisée de ces êtres de passion et de rêve. La critique orthodoxe était de plus en plus déroutée et scandalisée « par ces peintures d'un aspect dégoûtant », par « ce fanatisme de laideur », cette « manière vague et fantasque », par cette « exécution barbare » et, pour tout dire d'un mot, « ces compositions d'un malade en délire ». Les jurys des Salons acceptaient ou refusaient, sans qu'il soit possible de discerner après coup les motifs qui dictaient ces arrêts également inexplicables. On peut dire pourtant que, d'une manière générale, les chefs-d'œuvre les plus authentiques du maître, ceux où se révèle par quelque trouvaille de génie, ce don du geste et du mouvement, évoqués et fixés dans leurs plus fugitifs et leurs plus pathétiques élans, avaient le plus de chance d'être refusés, parce qu'ils tranchaient avec une hardiesse plus grande sur le répertoire courant des attitudes classiques. Que dans ces pantomimes dramatiques et ces fiévreuses gesticulations, Delacroix se soit laissé entraîner parfois jusqu'à la poursuite haletante de l'inexprimable, jusqu'à des déformations maladives [2], que même quelquefois des souvenirs de théâtre se soient

variantes), Hamlet et Horatio sont debout; le fossoyeur, à mi-corps dans la fosse, leur tend le crâne d'Yorick. (C'est ce dernier que M. Maurice Cottier a légué au Louvre et que nous reproduisons.)

1. *Hamlet, treize sujets dessinés* par Eugène Delacroix, à Paris, chez Géhaut frères, éditeurs. 1843. — Une seconde édition, augmentée de trois pièces, parut en 1864. *Hamlet, seize sujets dessinés et lithographiés* par Eugène Delacroix.

2. Sur cette observation des gestes en action, qui dans la fièvre du travail solitaire, allait parfois jusqu'à l'hallucination, les anecdotes abondent. En voici une citée par M. Maxime du Camp. « Un jour, j'étais chez Delacroix, dans son atelier de la rue Notre-Dame-de-Lorette, allongé sur un divan; je le regardais travailler. Nous nous taisions; il avait oublié ma présence. Il peignait une *Fantasia* de petite dimension : un cavalier au galop qui a lancé son fusil en l'air et lève la main pour le ressaisir au vol. Delacroix était très animé : son pinceau devenait d'une agilité surprenante. La main du cavalier grandissait, grandissait; elle était déjà plus grosse que la tête

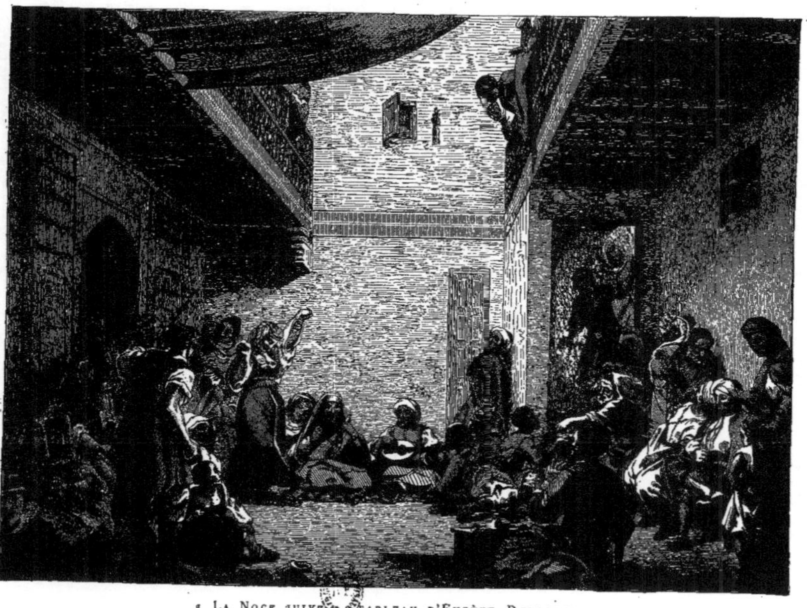

« La Noce juive », tableau d'Eugène Delacroix.
(Musée du Louvre.)

glissés entre son rêve et son tableau où l'outrance de l'expression n'est pas toujours également persuasive, il serait vain de le nier. Lui-même le sentait avec une intensité douloureuse et l'avouait à un ami : « Quelle misère que la nôtre ! Voir des chefs-d'œuvre dans son esprit ; les contempler, les rendre parfaits par les yeux du cerveau, et quand on veut le réaliser sur la toile, les sentir s'évanouir et devenir intraduisibles ! » Ces défaillances inévitables sont la rançon de ses plus rares qualités, le prix de son génie. Il se laissa emporter, à la suite de ses visions, jusqu'aux limites extrêmes de son art ; il voulut fixer l'insaisissable et il donna prise, par là, aux faciles railleries des calligraphes et des professeurs de dessin brevetés. Mais c'est parce qu'il connut ces heures d'emportement et d'ivresse, qu'il sut faire passer dans le *Baiser de Roméo et de Juliette*, dans la fuite nocturne de lady Macbeth, dans la fureur d'Hamlet se précipitant sur Laertes, plus de passion, de fièvre et d'âme qu'aucune peinture n'en exprima jamais.

Un des plus beaux tableaux de cette série (et d'ailleurs l'un des plus *tranquilles*) est l'*Hamlet au cimetière*. L'exécution en est aussi simple et sobre que l'expression intense et poignante. Les nuages qui traversent le ciel froid et livide où il semble qu'en prêtant l'oreille on entendrait gémir la bise qui agite, sur le front pensif du prince de Danemark, la plume noire de sa toque, la grandeur désolée du paysage mélancolique qui fuit à l'horizon, l'accord tenu des notes tristes, au milieu desquelles résonne la dominante du grand manteau de deuil où s'enveloppe le frêle et débile Hamlet, composent une symphonie d'une indicible tristesse. On pourrait n'avoir jamais lu Shakspeare, ignorer

et prenait des proportions telles que je m'écriai: « Mais, mon cher maître, que faites-vous ? » Le maître jeta un cri d'épouvante comme si je l'eusse réveillé en sursaut. Il me dit : « Il fait trop chaud ici, « je deviens fou. » Puis il prit son couteau à palette et enleva la main d'un seul coup. Il avait l'air farouche ; machinalement, il fit quelques frottis sur les terrains, comme pour se calmer : « La nuit « vient, me dit-il ; voulez-vous que nous sortions ? » — Dans *Victor Hugo en Zélande*, Charles Hugo a sténographié une conversation de son père sur Eugène Delacroix, où on lit : « Un jour Delacroix me faisait voir un de ses tableaux, un des plus beaux, l'*Assassinat de l'évêque de Liège*. J'admirais, mais je lui fis une question. Je lui désignai un de ses personnages : « Qu'est-ce qu'il « tient à la main, lui dis-je ? On ne s'en rend pas très bien compte. » Delacroix me répondit : *J'ai voulu peindre l'éclair d'une épée.* » Or, ajoutait Victor Hugo, peindre l'éclair d'une épée sans l'épée, ce n'était plus de son art, mais du nôtre. (V. *Eugène Delacroix devant ses contemporains*, par Maurice Tourneux. *Bibliothèque internationale de l'art*, Librairie de l'Art, 1886, in-8°.)

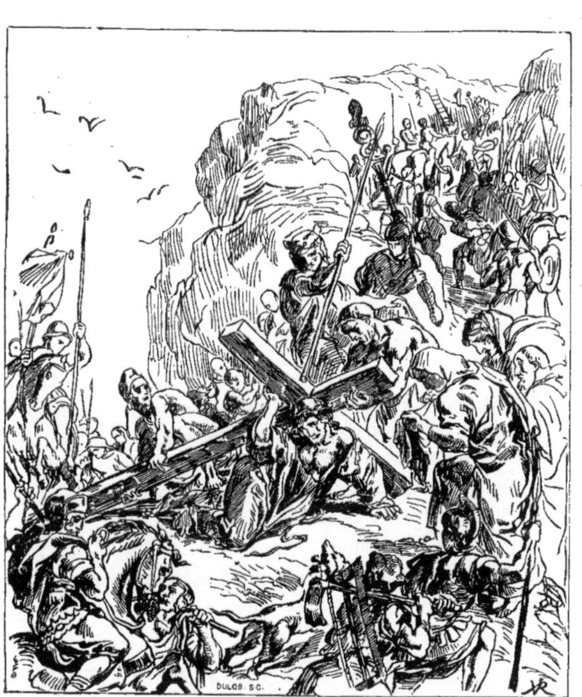

LA MONTÉE DU CALVAIRE

(Dessin d'Eugène Delacroix.)

toute la *littérature* que le sujet évoque; rien qu'à l'aspect de cette toile, une angoisse vague mais obsédante entrerait par les yeux dans le cœur.

Aux environs de 1830, le retentissement prolongé des événements d'Orient, la curiosité de découvrir du nouveau, peut-être « l'obligation de se déplacer pour inventer », déterminèrent parmi les peintres un mouvement d'exode et développèrent soudainement le goût des voyages lointains et des excursions aventureuses. Les jeunes romantiques dédaignaient d'aller à Rome; mais à ceux qu'une sorte d'inquiétude et de malaise poussait loin du pays natal, l'Afrique et l'Algérie, la Grèce et la Syrie ouvraient leurs perspectives ensoleillées

Avec l'horizon rouge et les toits assortis!

Pour beaucoup, — et pour Delacroix plus particulièrement sans doute, — ce fut, comme a dit Fromentin, « un changement d'air essayé par des gens assez mal portants ». Toujours est-il que ce voyage (décembre 1831) eut sur Delacroix une grande influence; il y compléta et enrichit heureusement sa palette. Il prit à l'Orient « les bleus forts de son ciel, ses ombres blêmes, ses demi-teintes molles »; il en composa, avec quelques souvenirs empruntés à certains paysages de Rubens, une sorte de « jour élyséen doux, tempéré, égal, le clair-obscur des campagnes ouvertes » où baignent quelques-uns de ces panneaux décoratifs, ses admirables *bouquets de fleurs* et *natures mortes*, ou bien certaines *vues de la côte du Maroc* dont la tranquille splendeur rayonne dans une égale vibration. — A partir de 1832, les souvenirs d'Orient se multiplient dans son œuvre, tantôt mêlés à des spectacles mouvementés et participant de cette agitation qu'il portait au fond de son cœur, — tantôt reposés et paisibles et mettant dans sa production fiévreuse comme des oasis de sérénité passagère et de voluptueux oubli[1].

---

1. *Costumes au Maroc, Fantasia arabe, Rencontre de cavaliers maures* (1833); *Femmes d'Alger, Arabes d'Oran, Combat du giaour et du pacha, Rue à Méquinez* (1834); *Caïd marocain faisant halte* (1837); *Convulsionnaires de Tanger, Halte de soldats marocains* (1838); *La Prière* (1839); *Noce juive* (1838); *Le Sultan Muley-Abd-el-Rahman, sortant de son palais entouré de sa garde* (1845); *Odalisque couchée* (1847); *Corps de garde marocain, Musiciens juifs à Mogador, Fantasia, Bouffons arabes* (1849); *Pirates africains* (1853); *Femmes turques au bain* (1854); *Combat d'Arabes et de lions* (1861), etc., etc. Sans compter de nombreuses aquarelles.

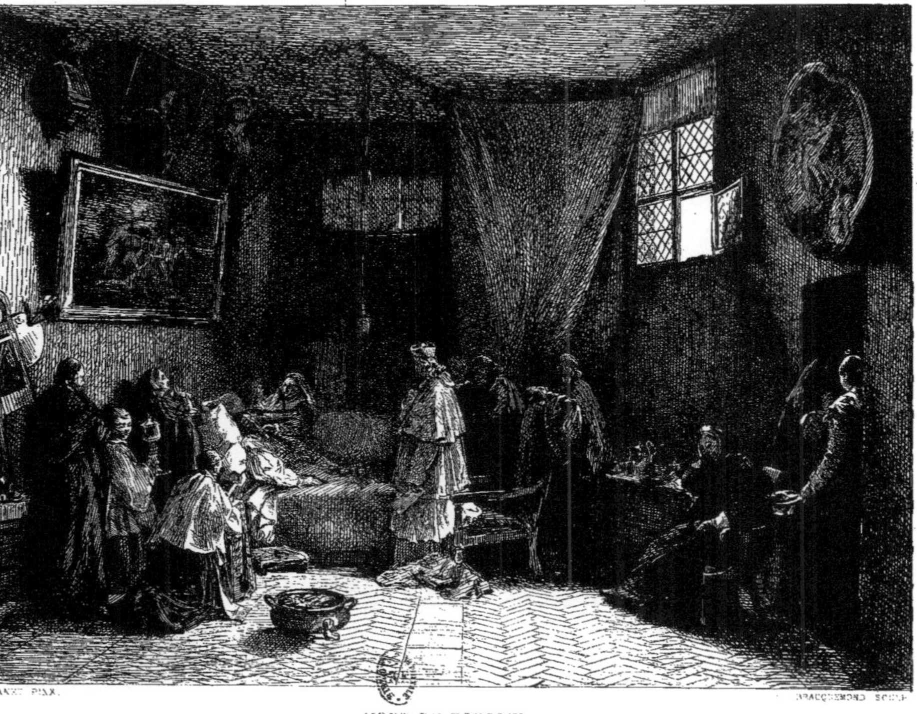

MORT DU POUSSIN.
(MUSÉE NATIONAL DU LOUVRE)

Aucun, dans cet ordre, n'est comparable aux *Femmes d'Alger dans leur intérieur*. Il en existe deux exemplaires, avec variantes. Le premier au Louvre (1834), le second, plus petit (Salon de 1849) au musée de Montpellier [1]. Le plus beau des deux est peut-être celui de Montpellier, plus simple dans le parti pris, plus enveloppé, plus en sourdine et de résonance plus harmonieuse, s'il est possible, de transparence plus mystérieuse et plus douce. On n'a jamais manié le clair-obscur avec une entente plus délicate et plus sûre, mis tant de musique endormie dans le silence d'une chambre close qu'un rayon de jour envahit, tant de langueur lourde et de paresseuse volupté dans les attitudes abandonnées qu'accompagnent, comme un orchestre d'instruments sonores mais contenus et voilés, les résonances savamment ménagées des tons tour à tour associés, contrastés et fondus... Pour la qualité des carnations épanouies dans la demi-teinte, comme des fleurs mystérieuses, Delacroix s'est ici rapproché de Corrège.

Pour les *Marocains courant la poudre* (musée de Montpellier [1]), réplique avec variante de l'exemplaire autrefois acheté par le prince Demidoff, comme pour le *Combat du giaour et du pacha*, Delacroix avait mêlé à ses couleurs du vernis de copal. Il y trouvait l'avantage « de sécher plus vite ses couleurs, de fixer tout de suite les accents de sa touche ». La peinture s'est, par suite, durcie et comme cristallisée, si bien que Delacroix regrettait par la suite d'avoir perdu le dosage exact de ce mélange, disant qu'il faudrait tout vernir au copal [2]. Il faut s'empresser d'ajouter d'ailleurs qu'il n'eut pas toujours à se louer de ces pratiques; l'emploi des vernis siccatifs lui fut plus souvent hasardeux et nuisible et il s'en défit de plus en plus à mesure qu'il se voua à la peinture décorative et s'éleva à une manière plus large, plus blonde et plus sereine. — Dans le *Cortège de Muley-Abd-el-Rhaman* (1845) (musée de Toulouse), il a exprimé avec une simplicité et une largeur d'effet merveilleuses, la grandeur fruste des architectures rissolées et recuites, la stupeur de la vie orientale, la

1. Voir la *Galerie Bruyas*, par A. Bruyas et Th. Sylvestre. Paris, Quantin, 1876, in-8°.
2. Voir la *Galerie Bruyas*, p. 275.

pesanteur du lourd rayon de soleil tombant sur le parasol ouvert du
sultan immobile sur son cheval violacé.

Mais l'apaisement ne pouvait être chez lui que passager ; le besoin
du mouvement et de l'agitation le reprenait bien vite et dans les
Rencontres de cavaliers, dans les *Combats d'Arabes et de lions*, dans
les *Convulsionnaires de Tanger*, il obéissait à son démon intérieur, au
moins autant qu'il se donnait le plaisir d'évoquer des spectacles contemplés, ses lettres disent avec quelle avidité, au cours de son voyage
d'Orient.

L'Angleterre et le Maroc devaient être ses plus lointaines et ses
seules *campagnes*. Vingt fois, il dut visiter l'Italie ; en 1834, il rêve
d'aller rejoindre Sigalon qui l'invite à voir enfin Michel-Ange chez lui ;
plus tard, il veut interrompre ses travaux de Saint-Sulpice pour aller
passer quelques semaines à Venise dans l'intimité de Véronèse et de
Titien ; — sa santé chancelante, ses habitudes casanières ont vite
raison de ses velléités voyageuses. Il ne quitta plus son atelier que
pour quelques saisons aux Eaux-Bonnes, à Ems d'où il revint en passant par la Belgique, royaume de Rubens, « cet Homère de la peinture,
ce père de la chaleur et de l'enthousiasme dans un art où il efface tout[1] »,
— et pour quelques villégiatures chez des amis dans le Limousin, la
Creuse, à Strasbourg, à Angerville chez Berryer, à Nohan chez G. Sand,
ou bien à son cher Champrosay où il revenait toujours avec bonheur
chercher un peu de solitude et de repos, se délasser à peindre des
fleurs. C'était pour lui un simple amusement de vacances, mais d'où
sont sortis quelques chefs-d'œuvre. Il ne les peignait pas, ces fleurs, en
botaniste et en horticulteur, et les spécialistes lui reprochaient son inexac-
titude. Il pensait que « l'étude des détails poussée à un très haut point
nuit un peu à l'ensemble » ; il procédait « par de grandes divisions
locales de lignes et de couleurs plus qu'il ne se préoccupait de porter une
attention extrême sur le rendu des différentes parties. » Il reprochait
aux « gens spéciaux », l'espèce de « poncif qui semble les condamner
tous à faire toujours le même vase, les mêmes colonnes ou les mêmes

1. V. Ad. Moreau, *Delacroix et son œuvre* (Introduction).

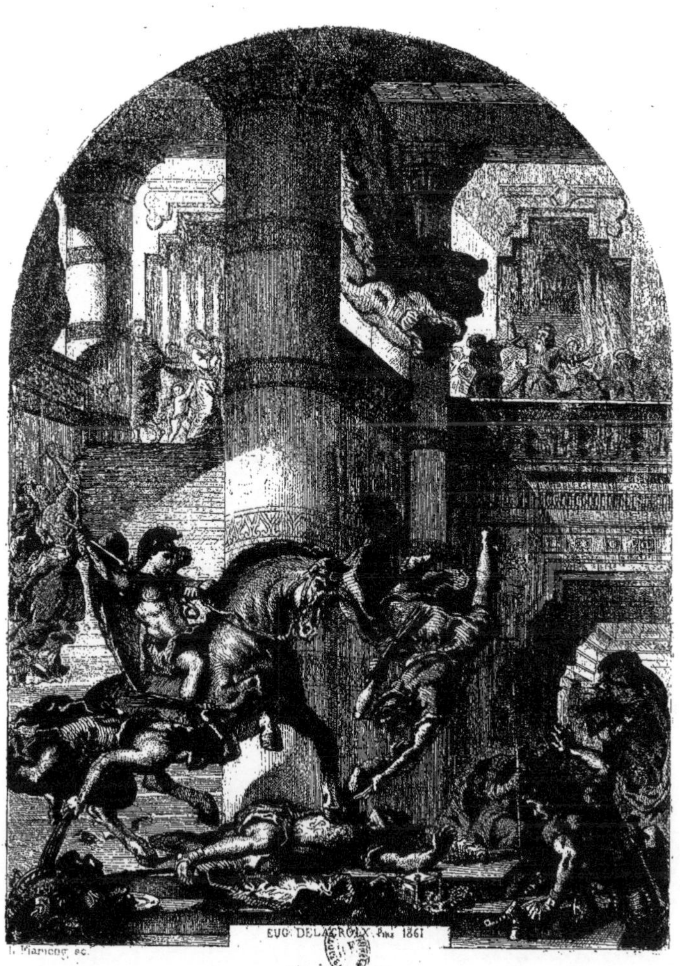

Imp. Tanner Paris

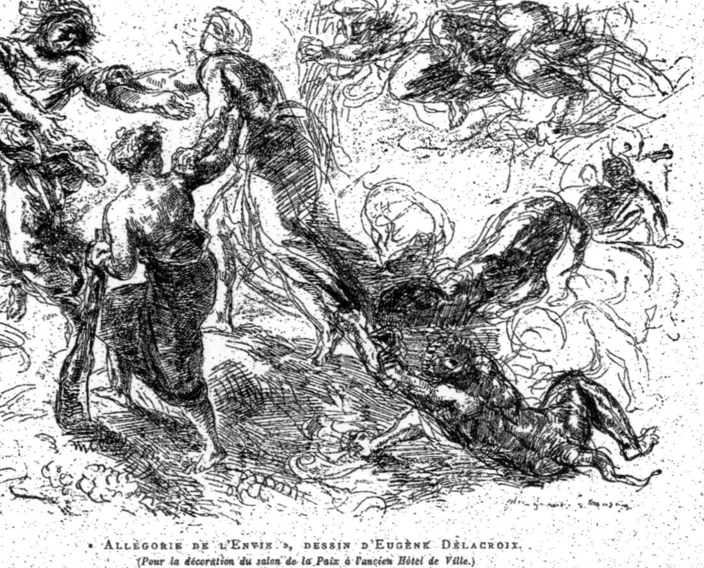

« ALLÉGORIE DE L'ENVIE », DESSIN D'EUGÈNE DELACROIX.

(Pour la décoration du salon de la Paix à l'ancien Hôtel de Ville.)

draperies fantastiques qui leur servent de fond et de repoussoir ». Il voulait « faire des morceaux de nature comme ils se présentent, seulement en réunissant dans le même cadre et d'une manière un peu probable la plus grande variété possible de fleurs [1] ».

Un bouquet, c'était pour lui une harmonie de vivantes couleurs; son œil en jouissait avec une intime volupté; son imagination s'exaltait bientôt à les contempler et il en faisait le thème d'une éclatante symphonie. Ses *fleurs* et ses *fruits* sont comme les fragments détachés d'un poème triomphant et radieux, où il aurait fait passer je ne sais quelles confidences de ses ravissements et de ses rares joies en présence de la nature primitive, virginale et heureuse, que la pensée et la passion n'ont pas encore atteinte et déformée [2].

Il semble que, dans un ordre différent, il éprouvait des impressions analogues devant les cages des fauves du Jardin des Plantes, où il fit, à côté de Barye, de longues séances de travail. Il écrivait un soir, au retour, sur une feuille de son *agenda* : « Éléphants, rhinocéros, hippopotames, animaux étranges... Les tigres, les panthères, les jaguars, les lions. D'où vient le mouvement que la vue de tout cela a produit chez moi?... J'ai été saisi en entrant dans cette collection d'un *sentiment de bonheur*. A mesure que j'avançais, ce sentiment augmentait; il me semblait que mon être s'élevait au-dessus des vulgarités, des petites idées, des petites inquiétudes du moment. » Ce qui réjouissait Delacroix, ce qui mettait dans son âme inquiète ce *bonheur*

---

1. Lettres à Constant Dutilleux, 1849.

2. Rien n'est plus injuste que de lui reprocher, comme on l'a fait souvent, ne pas connaître la structure intime des plantes. Sans doute ce n'était pas son affaire de dessiner des planches pour un dictionnaire de botanique; mais ses aquarelles montrent assez qu'il savait comment elles se comportent. Voici, d'ailleurs, à ce sujet, un anecdote de George Sand. « J'ai vu Delacroix essayer pour la première fois de peindre des fleurs... Je le surpris en extase de ravissement devant un lis jaune dont il venait de comprendre la *belle architecture*, c'est le terme heureux dont il se servit. Il se hâtait de peindre voyant qu'à chaque instant son modèle... changeait de ton et d'attitude. Il pensait avoir fini et le résultat était merveilleux ; mais le lendemain, lorsqu'il compara l'art à la nature, il fut mécontent et retoucha. Le lis avait complètement changé... C'était encore une harmonie ; ce n'était plus là même. Le jour suivant, la plante était belle tout autrement. Elle devenait de plus en plus *architecturale*... il voyait le squelette se dessiner et la beauté du squelette le charmait... Il me demanda à voir des plantes séchées; il s'enamoura de ces silhouettes déliées et charmantes... « Les plantes d'herbiers, disait-il, c'est la grâce dans la mort. » (*Nouvelles Lettres d'un voyageur*, C. Lévy, 1877.)

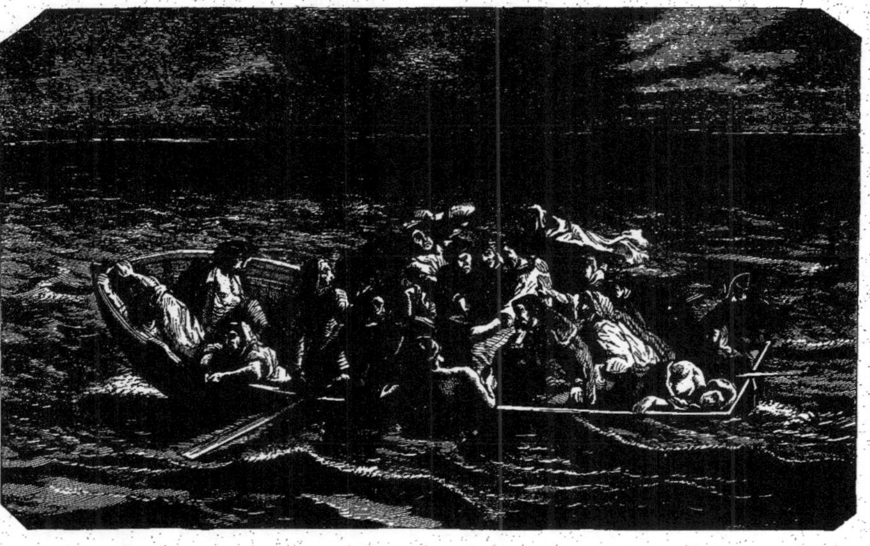

« Naufrage de Don Juan », tableau d'Eugène Delacroix.
(Musée du Louvre.)

et cette sérénité d'un moment dont il s'étonnait et qui le ravissaient, n'est-ce pas peut-être que ces corps souples, formidables et gracieux des grands carnassiers révélaient à ses yeux sans effort, sans altération de littérature et de rêve douloureux, par le jeu simple et bienfaisant des lois naturelles, dans l'équilibre et la beauté, l'idéal de mouvement et d'action qu'il cherchait, lui, comme en tremblant et qu'il poursuivait dans la fièvre? Ces formes, — si étrangères en apparence à notre humanité, si loin de l'*idéal* convenu que les esthéticiens classiques leur refusèrent longtemps droit de cité dans l'art, dans le grand art du moins et mirent Barye à l'index, — manifestaient sans doute à ses yeux, sous leurs aspects les plus élémentaires et les plus intenses, les plus simples et les plus saisissants à la fois, les forces profondes de la Nature et les lois mêmes de la Vie. Et ce qui nous émeut à notre tour devant les bêtes d'un Barye ou d'un Delacroix, nous pauvres *rois de la création*, plus ou moins empêtrés dans nos systèmes d'esthétique, n'est-ce pas que nous y trouvons la perception plus nette du mécanisme divin de cette création, dégagé, synthétisé mis en évidence par la sympathie divinatrice de grands artistes?

Là non plus, Delacroix n'était pas *spécialiste*; mais quel *animalier* de profession, Barye excepté bien entendu, a pénétré plus avant ses modèles et les a restitués dans leur vérité et leurs allures avec une vraisemblance plus terrible et une plus souveraine autorité? S'il fallait comparer le peintre et le sculpteur, on trouverait chez celui-ci plus de rigueur scientifique et, dans une intensité égale d'impression et de vie, une méthode de travail plus tranquille, une imagination plus purement *plastique*, une volonté plus maîtresse de la main qu'elle conduit; chez celui-là plus de nerfs, d'impatience; mais chez tous deux les mêmes divinations¹.

---

1. M. Taine, dans une de ses leçons de l'École des Beaux-Arts, a donné sur cette partie de l'œuvre de Delacroix de précieux renseignements. « Il me racontait une fois ses études anatomiques, dit-il. Pendant longtemps, avec le sculpteur Barye, il avait dessiné des animaux au Musée; on leur avait donné un lion écorché qu'ils éclairaient le soir avec des lampes. Delacroix l'avait dessiné dans toutes ses attitudes, essayant de comprendre le jeu du moindre muscle. Ce qui l'avait le plus frappé, c'est que la patte antérieure du lion était le bras monstrueux d'un homme, mais tordu et renversé. Selon lui, il y a ainsi dans toutes les formes humaines des formes ani-

Il a multiplié les études de ce genre : *Lion dévorant un lièvre* (1829), *Études de tigres* (1830), *Lion dans une grotte* (1831), *Lion couché*, *Lion dévorant une chèvre* (1847), *Lion et serpent*, *Lion et lapin*, *Lion attaquant un cavalier arabe*, *Chasse aux lions* [1] (1854), *Panthères* (1863), le *Tigre et la tortue*, le *Tigre et le serpent*, le *Tigre prêt à s'élancer*, etc., etc..., tableaux, esquisses, aquarelles, dessins à la plume et à la mine de plomb, eaux-fortes, lithographies... Ce sont tantôt de simples croquis, tantôt des œuvres achevées qui, par la

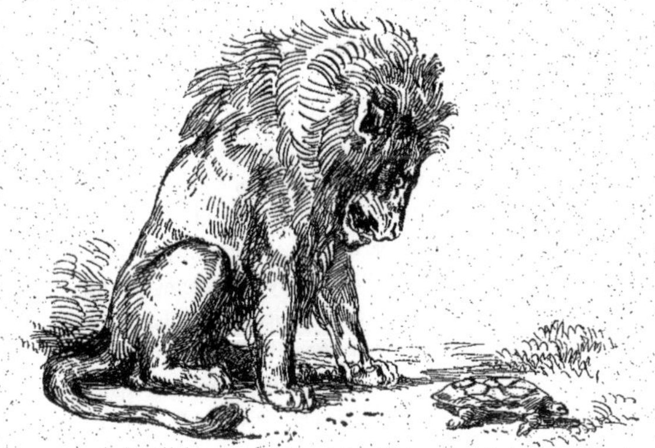

« LION ET TORTUE », DESSIN D'EUGÈNE DELACROIX.

plénitude de la forme, la largeur souple et serpentine des indications, témoignent d'une sorte de volupté et d'assouvissement de l'œil et de la main. Là encore, Rubens fut plus d'une fois consulté. Delacroix avait dans ses cartons la série des *chasses* gravées à l'eau-forte... il aimait à les feuilleter ; il notait comment « la lance d'un cavalier se retourne » ; comment elle « plie en s'enfonçant dans le poitrail de la bête

males plus ou moins vagues qu'il s'agit de démêler... Si maintenant vous examinez ses tableaux, vous remarquerez le résultat de ces études et de ces divinations zoologiques. Ses lions sont des chats grandioses, parce qu'en effet le lion est une subdivision particulière de la grande espèce qui comprend tous les chats. »

1. Musée de Bordeaux ; presque entièrement détruite dans l'incendie de 1870.

furieuse » ; — « les chevaux cabrés, les crins hérissés ; mille accessoires, les boucliers détachés, les brides entortillées, tout fait pour frapper l'imagination, l'exécution admirable de la *Chasse aux lions* », — mais aussi « l'aspect confus ; l'œil ne sait où se fixer ; il a le sentiment d'un affreux désordre : *il semble que l'art n'y a pas assez présidé pour augmenter... par des sacrifices, l'effet de tant d'inventions de génie.* » Dans la « *Chasse à l'hippopotame*, les détails n'offrent pas le même effort d'imagination ; on voit sur le devant un crocodile, qui doit être dans la peinture un chef-d'œuvre d'exécution. Mais son action eût pu être plus intéressante ». Il analyse minutieusement tous les détails de la composition ; il observe comment « un homme renversé à terre et étendu sous les roseaux, prolonge par en bas une ligne de lumière » qui équilibre le tableau, — et « l'effet incomparable de cette grande partie de ciel qui encadre le tout des deux côtés, surtout dans la partie gauche, qui est entièrement nue et donne à l'ensemble, par la simplicité de ce contraste, un mouvement, une variété, et, en même temps une unité incomparables ». N'en pourrait-on dire autant de ces fonds merveilleux de ciel et de paysage, pleins à la fois d'impressions de nature, de mystère et de rêverie, qui donnent à ses tableaux tant d'assiette, de profondeur et une si belle harmonie[1] ?

Dans ses villégiatures d'été, Delacroix revenait souvent passer quelques jours au bord de la mer. Dieppe, Falaise, Étretat lui furent des lieux de retraite quand il était repris de ce besoin impérieux de recueillement et de solitude « qu'il ne goûtait dans toute sa plénitude, dit son ami Ad. Moreau, que sur une plage marine. Il partait alors pour une semaine, deux au plus, avec la fidèle Jenny, se dérobant à la foule des baigneurs..., ne voulant voir qu'une chose à

---

1. Parmi les tableaux de Delacroix où les fauves interviennent, il faut citer le *Daniel dans la fosse aux lions* (1850) de la galerie Bruyas au musée de Montpellier. La peinture est un peu lourde ; mais d'une couleur chaude et magnifique. Le prophète, presque entièrement nu, est dans une sorte de puits ou d'*in-pace*, qu'un pan de ciel bleu intense éclaire par en haut. Dans l'ouverture, deux hommes passent la tête et regardent ; — les lions autour de Daniel rôdent, s'étirent, bâillent, s'accroupissent en dormant, en des attitudes admirables de vérité, de grandeur et de souplesse. —Au fond, dans l'ombre épaisse, on en devine un qui semble mort de faim... Ce serait une addition au récit biblique, vraisemblable de la part de Delacroix.

toute heure du jour et de la nuit, la mer, toujours la mer ». Il restait
pendant de longues heures, debout sur la falaise ou parmi les rochers;
il contemplait en silence, il remplissait ses yeux et son imagination
du spectacle infini. Au retour, il notait dans une pochade, esquisse ou
aquarelle, un résumé de ses impressions; — et c'est là, c'est surtout
dans le trésor intérieur de ses souvenirs et de son rêve, qu'il retrouvait, à l'heure de la création, les éléments de ces merveilleuses
marines, tantôt limpides aquarelles, fluides et transparentes où il
semble penser à son ami Bonington, — tantôt tragiques et bouleversées
où l'on croit entendre souffler du large et sortir des abîmes de longs
gémissements.

C'est après une semaine de contemplation solitaire qu'il exécuta,
en 1840, cette *Barque de don Juan*, un des plus beaux « paysages de
mer », comme disait Courbet, qui ait jamais été peint, le plus dramatique peut-être, moins encore par le sujet que par l'impression rendue
visible aux yeux et sensible au cœur de l'abandon sans espoir d'un
groupe de créatures humaines entre le double infini du ciel et de
l'Océan. En 1853, après un séjour à Étretat, il peignit le *Christ endormi
pendant la tempête*, plusieurs fois répété avec des variantes. Le ciel
d'un gris sombre et fuligineux est troué de lueurs blafardes, de sinistres éclairs dont les reflets traînent sur les cimes dentelées des collines
qui ferment l'horizon; la mer phosphorescente se gonfle en soulève-
ments gris verdâtre, frangés d'écume, avec des transparences glauques
sur la crête des vagues et de brusques enfoncements, des tourbillons
béants. Les matelots, désespérément affairés à la manœuvre de la voile
que la tempête déchire et des cordages envolés, apparaissent dans une
vision brouillée d'orangés vineux et de lilas violacés, de verts rompus
et de rouges, de jaunes livides et de bleus, dont les accords contrastés
sont comme les échos visibles de l'orage du ciel et de l'agitation terri-
fiée des âmes, au milieu desquels resplendit doucement la paisible
auréole, la note blanche du Sauveur endormi.

C'est peut-être dans les sujets de cet ordre, qu'éclatent avec l'évidence la plus persuasive et la plus émouvante la puissance drama-

tique et l'intensité de sympathie du maître. Dans un temps où la peinture religieuse était partagée entre l'académisme le plus plat et la sentimentalité la plus fade, il y ramena la vérité humaine, la vie et la pitié. Dans le *Christ en croix* (1846), toute la nature est secouée du frisson dont parle l'Écriture; le ciel presque noir, traversé de reflets sanglants aussitôt perdus dans la profondeur sombre, est troué au-dessus de la croix, dans l'écartement des bras et derrière la tête de Jésus, d'une lueur gris bleuâtre; sur les montagnes d'un vert bleuissant courent des clartés rougeâtres; au fond, la ville apparaît comme une traînée vaguement blanchissante sur le paysage en deuil; dans l'ombre piquée de rares lueurs, le groupe des saintes femmes entoure Marie vêtue de bleu sombre, les bras tombants, dans un mouvement sublime de détresse et de résignation; on devine plus qu'on ne voit la foule des spectateurs; à droite et à gauche du Christ, deux cavaliers passent, porteurs d'étendards, rouge et jaune. C'est un concert déchirant que domine la note livide et vibrante du grand supplicié, droit sur le ciel tragique, cloué sur son gibet[1].

La *Pietà* qu'il peignit en 1841, dans l'église Saint-Denis-du-Saint-Sacrement au Marais, est peut-être son chef-d'œuvre. La chapelle des bas côtés où cette *descente de croix* est placée est obscure; elle l'était encore plus, avant le dégagement de ces dernières années. « Pour qu'il fût possible de distinguer le corps du Christ, disait Delacroix, j'ai été forcé de peindre les lumières avec des jaunes de chrome pur, les ombres et les demi-teintes avec du bleu de Prusse. » La disposition de la muraille lui était en outre une gêne..... Et c'est pourtant dans ce coin sombre qu'il trouva une de ses plus pathétiques inspirations. Le morne paysage aux verdures bleuâtres, surtout le grand geste désespéré de Marie, les bras ouverts en croix sur le cadavre de son fils,

1. Les principaux tableaux religieux de Delacroix, sont : le *Christ au jardin des Oliviers* (1827), plusieurs *Christ en croix* (le plus ancien de 1835), *Saint Sébastien secouru par les saintes femmes* (1836), un autre de 1859, l'*Éducation de la Vierge* (1842), la *Madeleine* (1845), *Christ au tombeau* (1848), *Résurrection de Lazare* (1850), *Bon Samaritain* (1852), *Saint Étienne*, *Pèlerins d'Emmaüs* (1853), *Christ au pilori* (1855), *Christ au prétoire*, *Jésus sur le lac de Génésareth*, *Montée au Calvaire* (1859), *Mise au tombeau* (1859), *Tobie et l'Ange*, *Christ au prétoire*, *Mort de saint Jean-Baptiste* (1858), etc., etc.

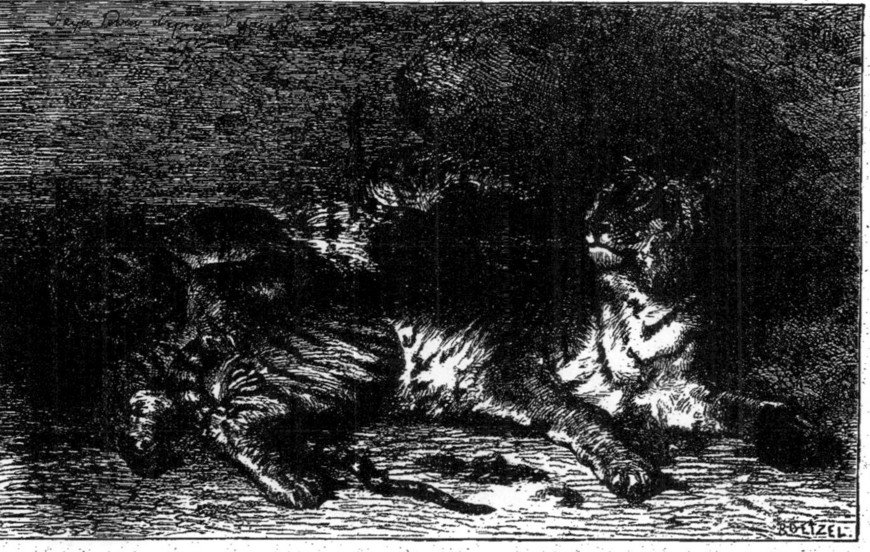

« JEUNE TIGRE JOUANT AVEC SA MÈRE », TABLEAU D'EUGÈNE DELACROIX.

laissent dans les yeux et le cœur de qui les a une fois contemplés, une inoubliable impression. C'est comme un cri de pitié et d'angoisse qui monte de la terre saignante jusqu'au ciel bouleversé.

Delacroix racontait à son ami Ad. Moreau que, tandis qu'il travaillait à cette *Piéta*, il allait souvent écouter les chants religieux du mois de Marie. La musique entendue lui était une excitation et un stimulant délicieux. C'est pendant ces auditions qu'il *vit* le geste de la Vierge et celui de la Madeleine si douloureux en sa grâce abandonnée. Plus tard, pendant qu'il peignait la chapelle des Saints-Anges à Saint-Sulpice, le *Dies iræ* lui inspira le mouvement de l'ange porteur de verges qui fond sur Héliodore. Il n'avait jamais de meilleures journées de travail, plus fécondes et plus faciles, que les lendemains de soirées où Mme Viardot lui avait fait entendre quelque vieil air de Gluck.

Cette action de la musique sur le peintre qui a fait passer dans la peinture quelques-uns des effets de la grande symphonie musicale, et par là, plus qu'aucun autre, a enrichi l'art moderne de moyens d'expression et d'émotion nouveaux, n'a pas de quoi surprendre; mais il n'est pas indifférent d'en avoir recueilli de sa bouche l'aveu.

Comme il ramena dans la peinture religieuse la passion et la pitié, il rendit à la peinture d'histoire le mouvement et la vie[1].

« Les artistes médiocres, écrivait-il, à propos de Michel-Ange[2], ont beau jeu à lui reprocher son manque d'exactitude et les exagérations où l'entraînait le besoin irrésistible d'exprimer en tout ce qu'il a de

1. Ses principaux tableaux d'histoire sont : la *Bataille de Poitiers* (1830), *Boissy d'Anglas* (1831), *Cromwell à Windsor*, l'*Amende honorable* (1831), *Charles-Quint au couvent de Saint-Just*, la *Bataille de Nancy* (1833), le *Maréchal de Tourville* (1835), la *Bataille de Taillebourg* (1837), *Médée* (1838), *Cléopâtre* (1839), la *Justice de Trajan* (1840), la *Prise de Constantinople* (1841) (une réduction en fut faite en 1852), les *Derniers moments de l'empereur Marc-Aurèle* (1844), les *Deux-Foscari*, *Mort de Botzaris*, *Ovide chez les Scythes*, *Démosthème au bord de la mer*, *Odette et Charles VI*, *Persée et Andromède*, *Roger et Angélique*, *Ariane abandonnée*, *Mirabeau et le marquis de Dreux-Brézé*, le *Roi Jean à Poitiers*, etc., etc...

2. Le musée de Montpellier possède deux morceaux sans doute uniques de Delacroix : 1° un tableau, représentant *Michel-Ange dans son atelier* (1853), assis sur un escabeau, au milieu de statues ébauchées, dans l'attitude de la méditation; et un pastel, projet de pendentif, *Apothéose de Michel-Ange* (provenant de la collection de M. Louis Bazille), variante du 4° pendentif de la 2° coupole de la Bibliothèque du Palais-Bourbon, *Socrate et son génie familier*.

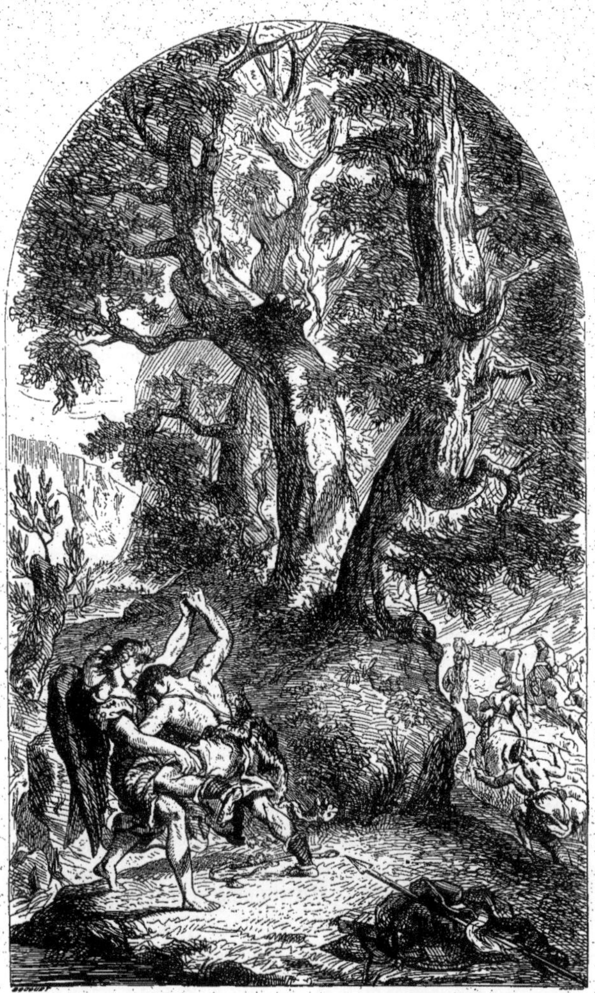

« LUTTE DE JACOB CONTRE L'ANGE ».
(Peinture murale d'Eugène Delacroix, Chapelle des Saints-Anges à Saint-Sulpice.)

plus extrême et de plus violent. La force exagérée est le caractère de son génie..... Sans doute, il n'a été donné qu'à lui de ravir l'admiration dans la représentation des formes humaines en les exagérant par la force de son style au delà de toutes les bornes du possible. » (*Revue de Paris*, 1830.) On peut lui appliquer ses propres paroles. Les actions violentes l'ont invinciblement attiré. Chez les historiens comme chez les poètes, il est allé chercher de quoi mettre en œuvre les ardeurs inquiètes dont il était possédé ; les batailles : *Poitiers* (1830), *Nancy* (1833), *Taillebourg* (1837) ; les meurtres, les grandes poussées humaines, toutes les tragédies et tous les drames l'ont hanté. En évoquant ces spectacles lointains, il ne faisait pas œuvre d'archéologue et d'érudit ; il mettait des couleurs sur des scénarios héroïques, comme un compositeur de la musique sur une poème d'opéra ; il réalisait, au gré de son imagination, d'orageuses et évocatrices harmonies colorées.

Mais, à mesure qu'il prend plus pleinement possession de son art et de son génie, à mesure que la peinture monumentale lui fournit l'occasion et lui impose le devoir d'approfondir et d'étendre ses moyens d'expression, l'apaisement se fait chez Delacroix. Sans doute, il restera toujours, jusque dans ses plus calmes inspirations, je ne sais quel grondement lointain et quels reflets d'orage ; mais dès 1838, la *Médée* révèle chez le maître un élargissement et comme un éclaircissement de sa manière. L'œuvre certes est passionnée ; le geste terrible dont Médée emporte ses enfants, sa fuite farouche, son œil hagard disent assez les sentiments qui l'agitent et le crime qui se prépare ; mais une harmonie supérieure enveloppe le drame ; la tête à demi baignée d'ombre, le torse dont un mince ruban fait vibrer les carnations corrégiennes, le corps nu des enfants dans la lumière, communiquent aux yeux la sensation rassurante d'une eurythmie inviolable jusque dans la fureur des passions lâchées. La *Justice de Trajan* (1840), avec l'éclat des armures, des architectures, des costumes et de la pourpre étalée sous le rayonnement d'un ciel de turquoise verdi, donne l'impression d'une marche triomphale ; la *Prise de Constantinople* évoque à l'imagination

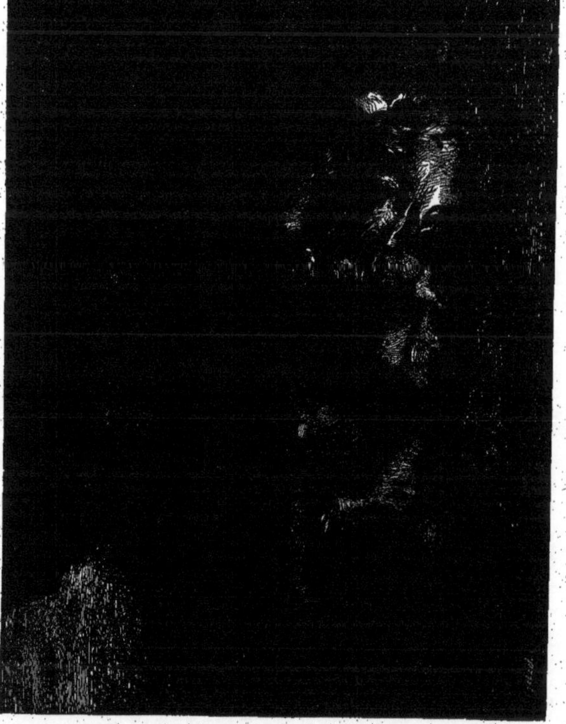

« Lion dévorant un lapin » tableau d'Eugène Delacroix.

une scène de carnage, dans la douceur éclatante du paysage oriental.
Au premier plan où des vieillards arrachées à leur palais, des femmes
demi-nues prosternées au pied des vainqueurs, menacées par les
sabots des chevaux ardents et inquiets, se lamentent et implorent, les
tons violacés et vineux dominent dans la demi-teinte transparente; au
fond, dans une irradiation de lumière, la Corne d'or s'étale, l'eau bleue
resplendit, les collines ondulent paresseusement et le panorama de la
ville, çà et là taché de fumée d'incendies, se déroule sous le ciel, où
flottent les étendards des chefs occidentaux, des hommes du Nord
aux armures étranges... Il avait dès lors à peu près renoncé aux
siccatifs dont il avait d'abord abusé; il était de moins en moins « parti-
san de ces drogues »; il recherchait en tout cas les préparations « les
moins dangereuses »; il évitait celles où l'essence de térébenthine et
le vernis visqueux noircissent et écaillent la peinture et compromettent cette « belle localité des décorateurs » dont il était épris[1]. Un
maître lui paraissait de plus en plus vénérable et sacré : Véronèse; et
s'il lui arrivait d'être satisfait de l'ouvrage accompli, on l'entendait
dire : « Je crois que notre ami Véronèse ne serait pas trop mécontent de ce morceau-ci et peut-être encore de ce morceau-là! »

J'arrive à la partie de l'œuvre du maître qui tenait dans son cœur
la première place et que le public connaît le moins : à ses peintures
décoratives. Il avait senti s'en éveiller en lui la vocation pendant qu'il
préparait le *Justinien composant les Institutes*[2] (1826), et le *Sardanapale* (1827). Les grands travaux, les belles surfaces à couvrir, champ
plus vaste offert au libre essor de l'imagination, exercèrent dès lors
sur son esprit un irrésistible attrait, — et il attendait, avec une avide
impatience, l'occasion de céder à son génie... Pendant une villé-

---

1. Il faut noter, pour expliquer la rapide altération d'un grand nombre des tableaux de Delacroix, ce fragment d'une lettre de F. Villot à Alfred Sensier : « Delacroix..... se laissait prendre
à toutes les inventions des marchands de couleurs, bien qu'il en eût été cruellement puni à plusieurs reprises. Les toiles absorbantes, demi-absorbantes, des combinaisons de cire, d'huile et
d'essences... des couleurs nouvelles et sans solidité trouvaient en lui un admirateur, pourvu
qu'elles répondissent au besoin du moment. » *Revue international de l'art et de la curiosité* (1869),
cité par M. Tourneux : *Eug. Delacroix devant ses contemporains.*

2. Pour l'un des grands panneaux de la salle des séances de la section de l'Intérieur au
Conseil d'État (détruit en 1871 dans l'incendie du palais).

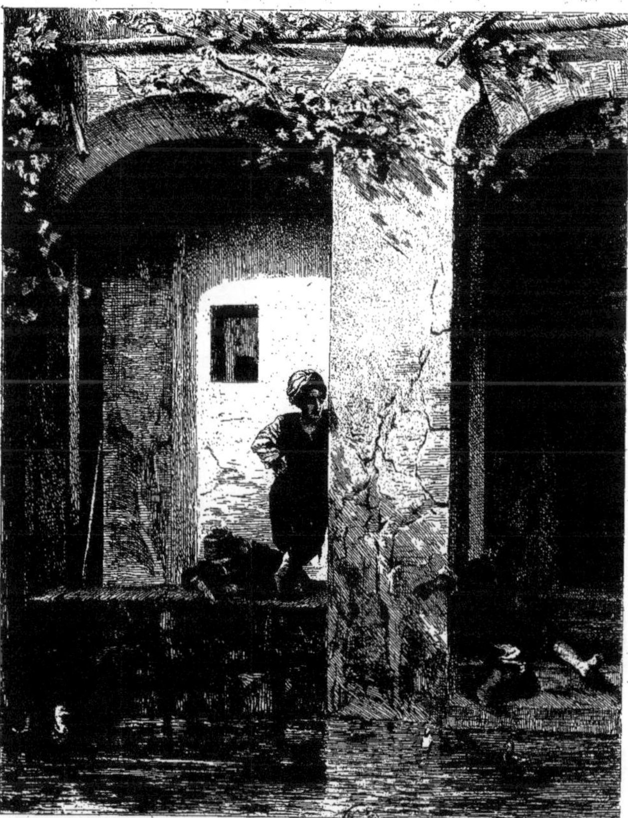

ENFANTS TURCS AU BORD D'UNE FONTAINE.
(GALERIE DE CHANTILLY)

Imp. Tancur, Paris.

giature à Tours (1828), il écrit à son ami Pierret : « Je tâche de *chauffer*
le chapitre et le curé pour me faire faire des tableaux d'église... »
Un peu plus tard, à la campagne chez un parent, il écrit à Villot : « A
propos, je dis que je n'ai rien fait ; je me trompe, j'ai fait peut-être plus
que je ne pense, car j'ai essayé de la fresque. Le cousin m'a fait préparer un petit morceau de mur avec des couleurs convenables et j'ai
fait en quelques heures un petit sujet dans un genre assez nouveau
pour moi, mais dont je crois que je pourrais tirer parti si l'occasion
s'en présentait... » L'insuccès violent du *Sardanapale* avait ajourné
pour longtemps la réalisation de son rêve ; mais il y pensa toujours et
l'on peut dire qu'il s'y prépara sans cesse ou plus exactement que
toutes ses impressions, toutes ses expériences de peintre : voyage au
Maroc, villégiatures au bord de la mer, rêveries devant les arbustes en
fleurs, études au Jardin des plantes, visites dans les musées, recherches
multiples pour ses tableaux, tout avait concouru à former sa palette
de décorateur. Le moment vint enfin où l'influence de ses relations
mondaines, l'amitié du duc d'Orléans et la protection de M. Thiers,
beaucoup plus que l'ascendant de son talent, triomphèrent, en dépit
des jurys officiels, des défiances des distributeurs de commandes.
En 1833, il fut chargé de la décoration du *Salon du Roi* au palais de la
Chambre des députés... L'œuvre ne fut achevée qu'en 1838. Dans les
caissons du plafond, de forme oblongue, la *Justice*, la *Guerre*, l'*Agriculture*, l'*Industrie* sont personnifiées par des figures couchées, se
détachant sur un fond de ciel d'une splendeur profonde et ayant chacune au-dessous d'elle, dans une frise qui se déroule entre les archi-
voltes des portes et des fenêtres, des groupes animés symbolisant les
bienfaits de la loi, les malheurs de la guerre, les joies tranquilles des
laboureurs, l'activité féconde des échanges. Les coupables paraissent
devant leurs juges ; le génie de la vengeance poursuit les crimes des
hommes ; des femmes sont emmenées en esclavage, des mères
emportent leurs enfants, des guerriers se préparent au combat ; les
Cyclopes forgent des armes ; le cortège des vendangeurs suit Bacchus,
Cérès conduit les moissonneurs ; plus loin, les navigateurs débar-

quent le tribut des contrées lointaines ; on assiste à la préparation de la
soie et à la fabrication des tissus... Sur les trumeaux, entre les fenêtres,
huit figures colossales symbolisent les mers et les fleuves qui bornent
ou fertilisent la France... Ce n'est pas, on le voit, dans la nouveauté et
la complication psychologique des sujets choisis que Delacroix chercha
l'originalité. Il accepta sans peine les motifs traditionnels, qui, depuis
le XVIᵉ siècle, sont les lieux communs de la décoration murale. Mais sur
ce thème usé, il inventa un décor étoffé et harmonieux, d'une variété
magnifique dans l'unité supérieure qui relie, pondère et compose
toutes les parties[1]. Il eut d'ailleurs, pendant ces mois de travail, un
grand et discret conseiller : Paul Véronèse, « l'homme inimitable et
que l'on doit le plus étudier, écrivait-il sur son *agenda*, qui, par sa
sagesse à établir les plans et les tons locaux de clair-obscur fait que de
près il n'y a pas, de l'ombre au clair, grande différence de valeur ;
mais dans ses ouvrages, tout est si juste, et quant à la place relative
des objets et quant au vrai point de vue du spectateur, que l'effet
voulu par l'artiste se trouve toujours produit ». C'est pour atteindre
à cette « grande localité des peintres décorateurs », qu'il multipliait,
en préparant « le lit de la couleur » les indications de « demi-teintes,
n'attendant chacune que sa lumière et son ombre ». Avant d'accepter
le concours d'un des collaborateurs à qui il confiait le soin de mettre
ses esquisses en place et de raccorder les morceaux de ses peintures
murales, il l'envoya au Louvre copier des fragments des *Noces de
Cana...*[2].

Le *Salon du Roi* était à peine terminé, qu'il recevait, pour le même
Palais-Bourbon, une nouvelle et plus importante commande : la décoration de la bibliothèque. Il s'agissait de couvrir deux hémicycles et
les pendentifs de cinq coupoles. L'œuvre devait l'occuper des années,

---

1. Pour obtenir un ton général mat, plus voisin de la détrempe, et aussi pour prévenir les
ravages de l'humidité, Delacroix mêla de la cire vierge à ses couleurs à l'huile. Il employa ce
procédé dans presque toutes ses peintures décoratives, le plafond du Louvre excepté.

2. Voir pour ce détail de la « cuisine » de Delacroix, les notes communiquées par ses élèves
et *préparateurs*, P. Andrieu et Lassalle-Bordes à Alfred Bruyas et Philippe Burty — et aussi la
préface et les notes du *Catalogue de la vente du cabinet de M. F. V.* (Frédéric Villot), 1865.

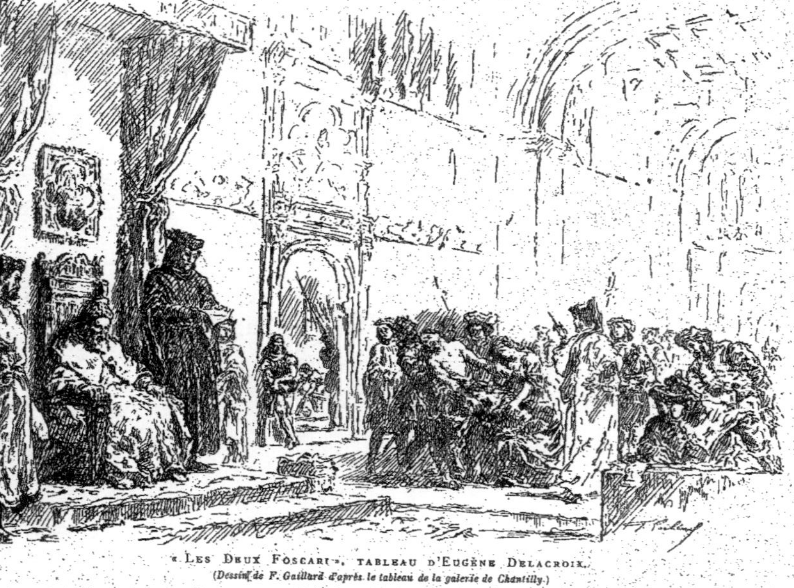

« Les Deux Foscari », tableau d'Eugène Delacroix.
(Dessin de F. Gaillard d'après le tableau de la galerie de Chantilly.)

et il la mena de front, dans les derniers temps, avec la décoration de
la coupole de la bibliothèque du Luxembourg qui lui fut confiée à
peu près vers la même époque (1838-1847). Dès lors, ses envois au
Salon deviennent plus rares : pendant quelques années même, il s'en
abstient complètement et on lit dans sa correspondance à la date de
1850, 5 octobre : « Je fais souvent de ces petits tableaux lorsque je n'ai

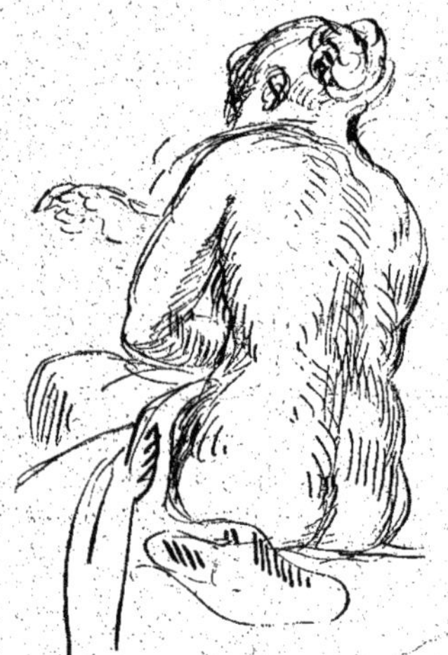

« ÉTUDE DE TORSE », PAR EUGÈNE DELACROIX.
(Dessin de la collection de M. A. Robaut.)

rien de plus important sur le métier... » et plus tard, 1852 : « C'est à
la fois une occupation et un repos des grands travaux. » Il ajoutait
d'ailleurs : « Pour moi, je fais les uns et les autres avec le même
plaisir et crois très bien qu'on peut mettre dans un petit cadre autant
d'intérêt que dans un monument entier. »

Il entassa selon son habitude croquis sur croquis, esquisses sur
esquisses avant de se mettre à l'œuvre, très préoccupé de trouver un
lien logique et pittoresque entre les différentes parties de ce grand

ensemble. Il s'arrêta enfin au programme suivant : La composition représente une sorte de résumé de l'histoire de la civilisation antique ; sur le premier hémicycle, dans une aurore éclatante et douce qui baigne de ses clartés élyséennes un paysage fait à souhait pour la majesté paisible d'une églogue héroïque, Orphée apporte aux hommes l'harmonie ; les premiers laboureurs, les chasseurs, les fleuves et les naïades, les centaures et les dryades s'empressent autour du divin

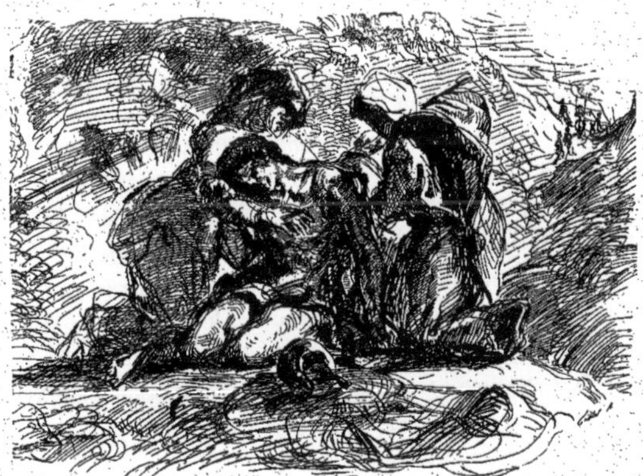

« PIETA », PAR EUGÈNE DELACROIX.
Dessin de la collection de M. Geoffroy-Dechaume.)

chanteur. Dans l'hémicycle en face, Attila ramène la barbarie sur le monde ravagé ; des poussières de ruines, des fumées d'incendies le précèdent et l'accompagnent ; — c'est, dans un déchaînement de notes stridentes, le passage du fléau de Dieu. — Entre ces deux motifs qui s'opposent et se complètent, chaque coupole développe en quatre tableaux distincts un cycle de la culture humaine ; les *Sciences* sont symbolisées par *Pline l'ancien étudiant l'éruption du Vésuve, Aristote décrivant les animaux que lui envoie Alexandre, Hippocrate refusant les présents d'Artaxercès, Archimède tué par un soldat de Marcellus ;* —

la *Philosophie*, par *Hérodote en présence des Mages*, les *Bergers chaldéens inventeurs de l'astronomie*, *Sénèque mourant*, *Socrate avec Son génie familier*; — la *Législation*, par *Numa et la nymphe Égérie*, *Lycurgue consultant la Pythie*, *Démosthène haranguant les flots*, *Cicéron accusant Verrès*; — la *Théologie*, par *Adam et Ève chassés du Paradis*, les *Juifs en captivité*, la *Décollation de saint Jean-Baptiste*, le *Drachme de saint Pierre*; la *Poésie*, par *Homère et Alexandre*, l'*Éducation d'Achille*, *Ovide exilé en Thrace*, *Hésiode et la Muse*[1]. Dans cet ensemble imposant, où chaque partie a sa couleur propre, tantôt transparente et sereine, tantôt stridente et heurtée, l'harmonie totale est merveilleusement soutenue et quelques morceaux se détachent, d'une incomparable beauté. Les *Bergers chaldéens*, par exemple, le *Saint Jean-Baptiste*, l'*Hésiode*, l'*Ovide*, et plus encore, s'il est possible, la *Captivité des Juifs* (super flumina Babylonis), et l'*Éducation d'Achille*. Monté sur le dos du centaure Chiron qui l'emporte au triple galop, Achille, docile aux leçons de son maître, vient de lancer une flèche et suit du regard le bras du centaure qui, sans interrompre sa course, lui montre au loin le but. L'essor de cette galopade aérienne, la beauté de la force en liberté, l'ivresse du mouvement dans l'harmonie n'ont jamais été avec plus de plénitude, senties et exprimées. — Dans la *Captivité des Juifs*, rien ne peut rendre la mélancolie du groupe des captives assises ou couchées à l'ombre du saule où leur harpe est suspendue, le dos tourné aux plaines ensoleillées, aux paisibles campagnes dont la splendeur indifférente ne saurait apaiser l'amertume de leurs cœurs, ni remplacer la douceur de la patrie perdue.

1. Les peintures des hémicycles sont exécutées à la cire sur les murs mêmes; celles des pendentifs sont sur toiles et marouflées. Des détériorations ayant été constatées, il y a quelques années, sur les murs des hémicycles et sur les toiles des pendentifs, une commission fut nommée pour chercher le moyen de prévenir la ruine de ces chefs-d'œuvre. Sur le rapport de MM. Charles Garnier et Philippe Burty, la restauration fut confiée à M. Andrieu. — Delacroix fut aidé dans ce long travail par plusieurs collaborateurs. L'un d'eux, M. Lassalle-Bordes, a raconté que, chargé de peindre « une main très apparente » il avait pris le modèle vivant. Il fit donc cette main *très exactement*. Mais elle n'exprimait plus ce que le maître avait rêvé : il l'effaça et la refit. « *Une main*, disait-il, *mais une main doit parler comme un visage !* » Tout l'artiste est dans ce mot. (Voir dans l'introduction du second volume de la *Correspondance* (Paris, 1880), les notes de M. Lassalle-Bordes.)

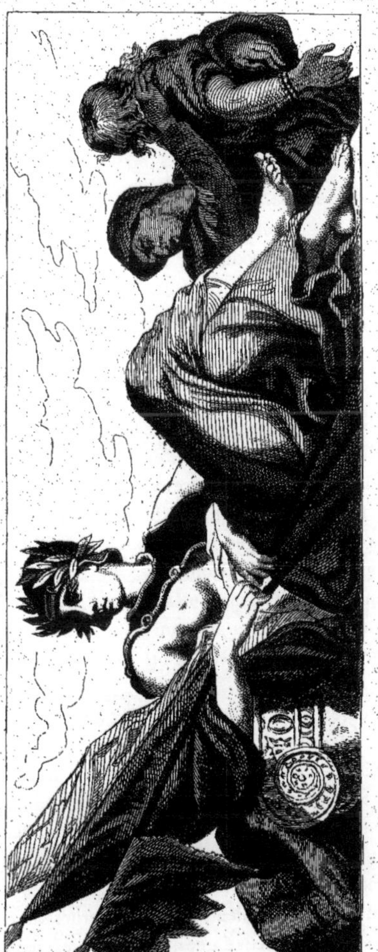

« LA GUERRE ». SALON DU ROI AU CORPS LÉGISLATIF.

Au palais du Luxembourg, ce fut un passage du chant IV de l'*Enfer* qui, sur les indications de son ami Villot, lui suggéra le thème de la composition. Le poète, conduit par Virgile, est descendu aux Limbes, dans le cercle réservé aux grands hommes et aux génies antiques qui n'ont pas reçu le baptême. Une voix a retenti :

> Onorate l'altissimo poeta,

et tout à coup quatre ombres augustes se montrent aux regards éblouis du voyageur et Virgile les nomme :

> Quegli è Omero poeta sovrano,
> L'altro è Orazio satiro che viene,
> Ovidio è 'l terzo, e l'ultimo è Lucano...
> Così vidi adunar la bella scuola
> Di quel signor dell'altissimo canto,
> Che sovra gli altri com' aquila vola.

C'est le motif du groupe central (en face de la fenêtre). — De chaque côté, des poètes, au-devant desquels Virgile et Dante s'avancent, l'un avec la familiarité tranquille d'un égal, l'autre avec le tremblement respectueux d'un disciple, Pyrrhus, Annibal, Achille sont assis. A gauche, est le groupe des Grecs illustres ; en face Orphée, accordant sa lyre ; le quatrième groupe est celui des Romains.

Dans l'hémicycle au-dessus de la fenêtre, il reprit, mais dans une donnée nouvelle, un sujet déjà utilisé à la Chambre des députés : *Alexandre faisant enfermer dans un coffret d'or les œuvres d'Homère.*

On peut dire que la parenté de Delacroix avec les grands maîtres éclate dans sa manière noblement familière de concevoir et de traiter de pareils thèmes. Ses paysages élyséens nous transportent vraiment dans les régions supérieures où l'on ne s'étonne plus d'entendre, où tous les échos semblent répéter les paroles éternelles ; l'« *altissimo poeta* » et ceux qui lui font cortège y sont comme des hôtes attendus. La beauté de l'ordonnance, la pondération des agencements, l'intensité harmonieuse et la plénitude des sonorités où dominent les orangés rouges et les verts bleus d'une qualité unique, comblent l'œil du

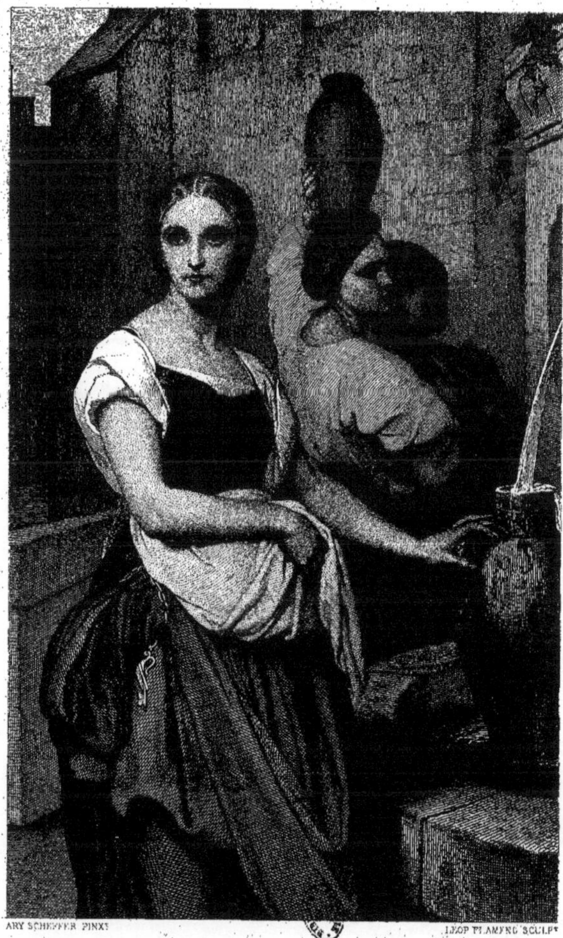

MARGUERITE A LA FONTAINE

(MUSÉE NATIONAL DU LOUVRE)

Imp. Taneur Paris.

spectateur; çà et là, une note mauve-lilas (la muse d'Orphée), ou
blanche, d'un blanc doré que des ombres violacées exaltent, comme
l'exquise figure d'Aspasie...... Le décor s'adapte à la muraille avec le
moelleux d'une épaisse tenture.

Le 5 octobre 1850, Delacroix écrivait à Constant Dutilleux: « Je
n'ai pas encore commencé à Saint-Sulpice, quoique nos compositions
soient arrêtées... Le travail qu'on me demande et dont je vous ai parlé
est un plafond qui doit figurer dans la restauration de la galerie
d'Apollon au Louvre. C'est un ouvrage très important, qui sera placé
dans le plus bel endroit du monde, à côté des belles compositions de
Lebrun. Vous voyez que le pas est glissant et qu'il faut se tenir ferme.
Je commence à avancer dans ce travail. Il a suspendu naturellement
l'autre, d'autant plus que l'hiver m'aurait chassé de Saint-Sulpice. »
Ces deux grands travaux complètent la série de ses peintures décoratives [1].

Apollon vainqueur du serpent Python ; tel est le sujet du plafond
du Louvre. « Le dieu, monté sur son char, a déjà lancé une partie de
ses traits; Diane, sa sœur, volant à sa suite, lui présente son carquois.
Déjà percé par les flèches du Dieu de la chaleur et de la vie, le monstre
sanglant se tord en exhalant dans une vapeur enflammée, les restes
de sa vie et de sa rage impuissante. Les eaux du déluge commencent à
tarir et déposent sur les sommets des montagnes, ou entraînent avec
elles le cadavre des hommes et des animaux. Les dieux se sont indignés
de voir la terre abandonnée à des monstres difformes, produits impurs
du limon; ils se sont armés comme Apollon; Minerve, Mercure
s'élancent pour les exterminer en attendant que la Sagesse éternelle
repeuple la solitude de l'univers. Hercule les écrase de sa massue;

1. Nous n'oublions pas, mais nous nous contentons de mentionner les peintures du *Salon
de la Paix* à l'Hôtel de Ville (1850-1853), détruites dans l'incendie de 1871. Elles comprenaient
un plafond circulaire de 8 mètres de circonférence; huit caissons allongés autour de la composition centrale; onze tympans demi-circulaires, au-dessus des portes et fenêtres. On y voyait
représentée la *Terre éplorée levant les yeux au ciel pour obtenir la fin de ses malheurs;* la *Paix
suivie des Muses, escortée de Cérès, chassant les Furies; Jupiter menaçant la Discorde et les
divinités malfaisantes précipitées dans les abîmes.* Dans les huit caissons, *Vénus, Bacchus, Mars
enchaîné, Minerve,* la *Muse, Mercure, Neptune, Cérès.* — Dans les tympans, épisodes de la *Vie
d'Hercule.*

Vulcain chasse devant lui la Nuit et les vapeurs impures, tandis que Borée et les Zéphyrs sèchent les eaux de leur souffle et achèvent de dissiper les nuages. Les nymphes des fleuves et des rivières ont retrouvé leurs lits de roseaux et leur urne encore souillée par la fange et par les débris. Des divinités plus timides contemplent à l'écart le combat des dieux et des éléments. Cependant du haut des cieux, la Victoire descend pour couronner Apollon vainqueur et Isis, la messagère des dieux, déploie dans les airs son écharpe, symbole du triomphe de la lumière sur les ténèbres et sur la révolte des eaux. »

Quel est le *classique* impénitent qui a écrit cette description ?

C'est Delacroix lui-même. Il ne rechercha jamais pour son propre compte les *truculences* de style et les néologismes que les romantiques avaient mis à la mode; il resta de l'école classique, et même un peu *empire*[1], soucieux surtout, quand il écrivait, de netteté et de concision. Malgré tout ce que ses amis avaient pu faire ou essayer, à propos de ses tableaux, de « transposition d'art », il pensait que, pour la couleur, il n'est encore rien de tel que la palette et le pinceau. Un jour qu'il revenait d'admirer, à la vente Decamps, quelques tableaux du maître, il écrivait sur son *agenda* : « Quand on prend une plume pour décrire des objets aussi expressifs, on sent nettement, à l'impuissance d'en donner une idée de cette manière, les limites des arts entre eux. C'est une mauvaise humeur contre soi-même de ne pouvoir fixer ses souvenirs, lesquels pourtant sont aussi vivants dans l'esprit, après l'imparfaite description que l'on fait à l'aide des mots. Je n'en dirai donc pas davantage, sinon qu'à cette exposition, comme le soir au concert Delsarte, j'ai éprouvé pour la millième fois qu'il faut dans les arts se

1. Il allait jusqu'à admirer les vers tragiques de Voltaire, ce qui est excessif. Mais La Fontaine, Racine, — Racine, si maltraité par les romantiques! — étaient ses dieux. « N'oublie pas, écrit-il à son ami Soulier (1858), n'oublie pas que, contrairement à nos idées de jeunesse, Racine est le *romantique* de son époque. Son succès très contesté dans son temps vient du naturel de ses pièces. On lui a reproché de n'avoir fait que des Grecs de Versailles; et que voulait-on qu'il fit, sinon ce qu'il avait sous les yeux! Mais il a fait des *hommes*, et surtout des *femmes*. » Il ne se lasse pas d'admirer « l'élégante sobriété de son langage divin ». Il ajoute d'ailleurs : « Cela ne détruit pas l'éternelle jeunesse des caractères de l'old William; mais il faut réparer notre injustice, surtout quand nous devons par-dessus le marché éprouver de vives jouissances. » (*Correspondance*, II, 183.)

contenter, dans les ouvrages mêmes les meilleurs de quelques heures
qui sont le moment où l'artiste a été inspiré... Le *Josué* de Decamps m'a
déplu au premier abord, et quand je le regardai de près, c'était une
mêlée confuse et des indications de formes lâchées, entortillées. A
distance, j'ai compris ce qui faisait beauté dans ce tableau. La distribution des groupes et de la lumière touche au sublime. »

Il était si bien pénétré de la *spécialisation* des arts et que chacun

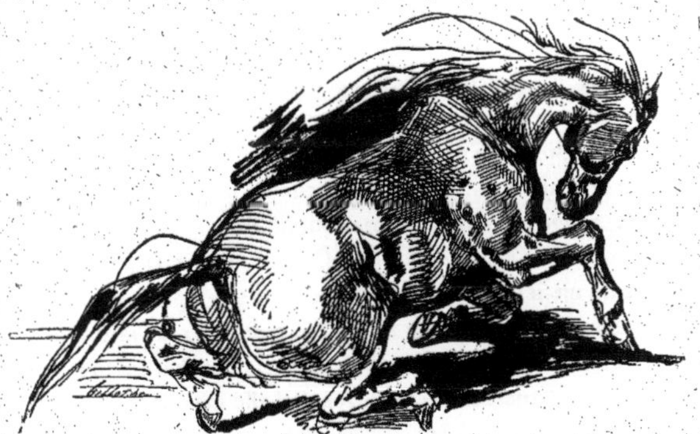

« ÉTUDE DE CHEVAL », PAR EUGÈNE DELACROIX.

d'eux a son domaine propre, que la peinture *littéraire* lui était insup-
portable. Les vagues conceptions d'Ary Scheffer[1], le mysticisme sentimental ou larmoyant, le symbolisme philosophique d'un Cornélius
l'agaçaient. Un jeune peintre lui soumettant un jour ce projet de
tableau : *Saint Augustin assis avec son ami sous un figuier et tourmenté
par le doute*, « il est difficile, lui répondit-il, de comprendre en peinture un pareil sujet ». Mais l'élève insistant et disant que la lecture

---

1. L'étude de l'œuvre de Decamps et de Scheffer ne saurait trouver place dans ce volume, qui
n'est que le premier d'une série. Nous ne voudrions pas qu'on pût nous accuser d'oublier dans
un tableau de *l'École française au xixᵉ siècle* tant d'artistes dont le nom même ne figure pas
dans ces pages. Ils feront le sujet des volumes suivants, confiés à nos collaborateurs.

des *Confessions* l'avait fort remué : « Alors, c'est différent, repartit Delacroix; être frappé est, pour faire un tableau, la chose essentielle[1]. » Ce qu'il n'admettait pas, c'étaient les *traductions*. Un peintre doit avoir des *visions* et, si l'on veut, des *hallucinations*.

Pour lui, quoi qu'on en puisse penser à voir certains tableaux de sa jeunesse, la *peinture* lui suffisait. Il remerciait avec effusion un de ses critiques qui le louait d'avoir des *idées de peintre* (ce qui ne signifie pas qu'un peintre n'ait pas le droit d'avoir des idées), et c'est dans l'exécution de ses peintures monumentales qu'il a trouvé les joies les plus complètes de sa vie d'artiste. Pendant qu'il était occupé à peindre à Saint-Sulpice cette chapelle des Saints-Anges où il a évoqué avec tant de grandeur épique d'une part, *la lutte de Jacob avec l'ange* dans un admirable paysage de forêt, — et de l'autre, au milieu d'architectures grandioses, *Héliodore chassé du temple et flagellé par les anges du Seigneur*, anges à l'irrésistible élan, véritables exécuteurs d'une colère divine, — il écrivait à George Sand : « Depuis quatre mois, je fais un métier qui m'a rendu cette santé que je croyais perdue : je me lève le matin, je cours au travail, je rentre le plus tard que je peux et je recommence le lendemain… Rien ne me charme plus que la peinture et voilà que par-dessus le marché elle me donne une santé d'homme de trente ans…. » (12 janvier 1861.)

Il touchait pourtant au terme de sa vie. — La mort le prit le 13 août 1863, ne lui laissant pas réaliser tous les grands projets « qu'il avait dans la tête, de quoi remplir une vie de travail ».

Le dernier Salon où il parut, fut celui de 1859. Il semble qu'il voulut y envoyer comme un résumé de son œuvre. Dans quelques-uns de ces petits tableaux (variantes de sujets jadis traités), où il « passait sa fureur de peindre » : *Hamlet : Qu'est-ce donc ? un rat !* — *Herminie et les bergers;* — *Enlèvement de Rebecca*, il évoquait les œuvres ardentes de sa jeunesse, sa communion intime avec les poètes, l'influence que le théâtre anglais avait exercée

---

1. Anecdote citée par Théophile Sylvestre. *Les Artistes français*, p. 91. (Charpentier, 1878.)

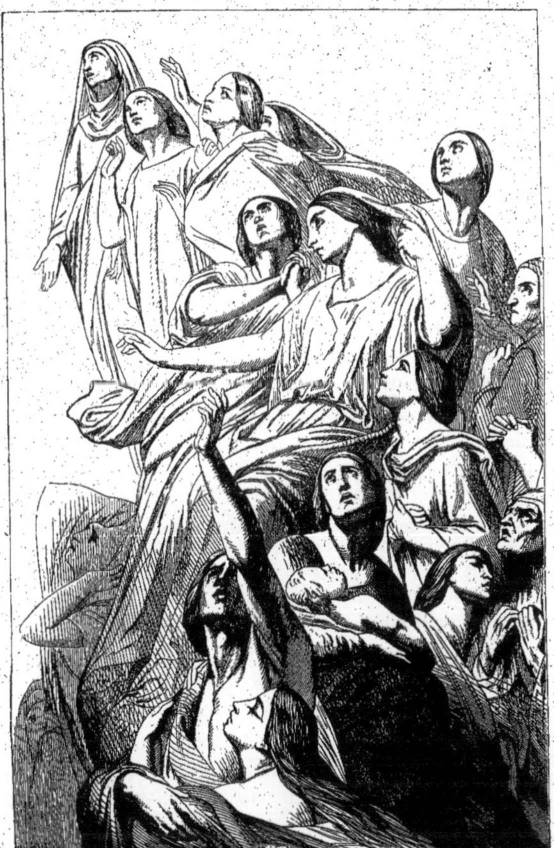

LES PLAINTES DE LA TERRE S'ÉLEVANT VERS LE CIEL.
(Dernier tableau d'Ary Scheffer.)

sur lui [1]; — les *Bords du fleuve Sébou (Royaume de Maroc)* le ramenait aux jours lointains de ce voyage d'Orient où il était allé chercher le « bleu profond » et « les demi-teintes molles » que l'on retrouve dans quelques-unes de ses peintures murales; — *Saint Sébastien*, le *Christ descendu au tombeau*, la *Montée au Calvaire*, rappelaient les inspirations pathétiques que le drame biblique lui avait suggérées; — *Ovide chez les Scythes* les décorations de la bibliothèque du Palais-Bourbon et avec elles, l'imposante suite de ses grandes compositions monumentales où il mit tout son génie et tout son cœur et finit par rencontrer, dans l'accomplissement de sa vocation véritable, l'apaisement sinon le bonheur.

Aussi, comme il avait représenté Dante introduit par Virgile dans l'assemblée des grands poètes, on voudrait pouvoir se le représenter introduit à son tour par le poète qui lui inspira son premier chef-d'œuvre dans le groupe immortel des grands peintres.... Rubens et Véronèse, Rembrandt et Michel-Ange lui ouvriraient leurs rangs l'accueilleraient d'un sourire; — il irait avec eux, jouissant enfin de la certitude et dela paix suprêmes,

infino alla lumiera
parlando cose che'l tacere è bello....

Ces belles imaginations ne nous sont plus permises.

Il semble pourtant, si l'on veut embrasser d'un seul coup d'œil l'ensemble de son œuvre immense et en suivre le développement, que c'est de ce point de vue, dans l'assemblée des grands décorateurs et des génies les plus lyriques de la peinture, qu'il faut le considérer. Ne pourrait-on pas le définir : un Rubens malade, un Véronèse inquiet ? Venu trop tard dans un monde trop vieux, enfant d'un siècle et d'une civilisation trop compliqués, il poursuivit dans la fièvre et le doute, il vit d'une vision brouillée et intermittente, il écrivit d'une main trem-

---

1. « Vous me demandez, écrit-il à BURTY, le 1er mars 1862, ce qui m'a fait naître l'idée des planches du *Faust*. Je me rappelle que je vis, vers 1821, les compositions de Retch qui me frappèrent assez; mais c'est surtout la représentation d'un *drame-opéra* sur *Faust*, que je vis à Londres en 1825, qui m'excita à faire quelque chose là-dessus. L'acteur, nommé Terrey,... était un Méphistophélès accompli. » *Correspondance*, II, 292.

blante ce que les maîtres des époques classiques réalisèrent dans la santé et dans la joie. Mais son désir constant et profond, fut bien, quand on y regarde de près, la grande peinture monumentale et décorative. Il ne connut pas du moins ce chagrin, dont Decamps mourut peut-être, « d'être condamné au tableau de chevalet à perpétuité ».

Après sa mort, on lut dans son testament : « Mon tombeau sera au cimetière du Père-Lachaise, sur la hauteur dans un endroit un peu écarté. Il n'y sera placé ni emblème, ni buste, ni statue. Mon tombeau sera copié très exactement sur l'antique ou Vignole ou Palladio avec des saillies très prononcées, contrairement à tout ce qui se fait aujourd'hui en architecture.... Après ma mort il ne sera fait aucune reproduction de mes traits soit par moulage, soit par dessins ou photographies ; je le défends expressément. » Cette recommandation arrêta d'abord le zèle de ceux de ses admirateurs qui avaient résolu de lui élever le monument dû à l'initiateur de l'art moderne. N'était-ce pas faire violence à sa volonté que d'imposer à la forme mortelle de cette âme avide de repos le supplice du bronze à perpétuité ?... On a pensé avec raison qu'en interdisant la reproduction de ses traits *après sa mort*, le maître avait voulu surtout s'épargner toute exhibition, toute profanation de son dernier sommeil par les dessinateurs des journaux illustrés. La pensée qu'*Eugène Delacroix sur son lit de mort*, lithographié ou gravé sur bois, tiré à des milliers d'exemplaires, pourrait traîner sur la table de tous les cafés de France, offert à la banale curiosité du public, dut lui être odieuse et blesser dans ses plus intimes pudeurs ce respect de soi-même, cette réserve un peu hautaine qui le fit si souvent se réfugier dans la solitude ou abriter contre le monde, sous une enveloppe de froideur britannique, sa nature sensible, nerveuse et souffrante. Il prit ses précaution posthumes.

Mais il professait « le plus grand respect pour la postérité » ; le bruit des éloges, il l'a confessé, « enivre d'un bonheur réel » ; « la gloire est l'ambroisie des âmes ». Il n'eût pas refusé le beau monument qui vient enfin d'être inauguré et qui consacre aux yeux des hommes son orageuse renommée. C'est bien là qu'il fallait le placer, dans ce

coin recueilli de jardin, sous les grands arbres dont les ombrages lui
versaient « un sentiment de bien-être et de bonheur », à deux pas de
cette bibliothèque de « la Chambre des pairs » où il a peint l'arrivée
de Dante conduit par Virgile dans le groupe des poètes antiques... Le
statuaire l'a fait revivre dans une effigie définitive, avec son air inquiet
et nerveux, maladif et volontaire, pensif et ardent. C'est ainsi que la
postérité le verra. Il lui apparaîtra en même temps, glorieux comme
il convient, dans l'apaisement des luttes finies, des injustices oubliées,
du triomphe tardif mais d'autant plus durable. Le *Temps*, la *Gloire*
et le *Génie des arts* lui tendent les couronnes et les palmes immor-
telles ; des eaux jaillissantes entretiennent autour de lui la fraîcheur
avec un discret et caressant murmure... Il se repose enfin et « ses
œuvres le suivent »... La rumeur d'apothéose que nous faisons
monter jusqu'à lui sera douce à son ombre, si son ombre l'entend.

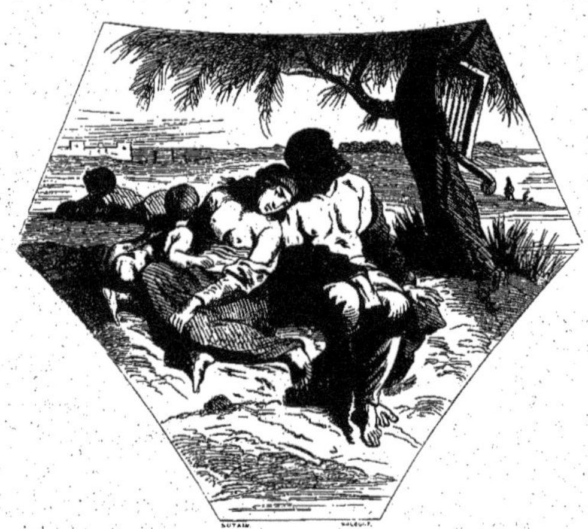

« LES JUIFS CAPTIFS A BABYLONE. »
(*Bibliothèque du Corps législatif.*)

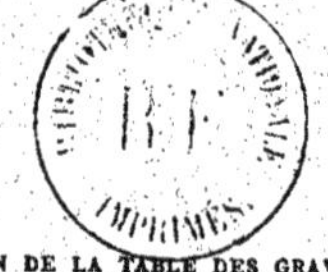

FIN DE LA TABLE DES GRAVURES

TABLE DES PLANCHES HORS TEXTE

FIN DE LA TABLE DES PLANCHES HORS TEXTE

Sceaux. — Imprimerie Charaire et fils.

LES CHEFS-D'ŒUVRE
DE

L'ART AU XIXᵉ SIÈCLE

OUVRAGE DE GRAND LUXE

⚬

L'École française, de David à Delacroix

PAR ANDRÉ MICHEL

Un beau volume in-4°. — Prix . . . . **20** francs.

L'École française, de Delacroix à H. Regnault

PAR ALFRED DE LOSTALOT

Un beau volume in-4°. — Prix . . . . **20** francs.

L'École française contemporaine

PAR PAUL LEFORT

Un beau volume in-4°. — Prix . . . . **20** francs.

Les Écoles étrangères du XIXᵉ siècle

PAR T. DE WYZEWA

Un beau volume in-4°. — Prix . . . . **20** francs.

La Sculpture et la Gravure en France

AU XIXᵉ SIÈCLE

PAR LOUIS GONSE

Un beau volume in-4°. — Prix . . . . **20** francs.

Paris. — Imprimerie Lahure, 9, rue Montparnasse.

www.ingramcontent.com/pod-product-compliance
Ingram Content Group UK Ltd.
Pitfield, Milton Keynes, MK11 3LW, UK
UKHW020826120726
13693UKWH00002B/489